품질코스트와 품질손실비용

Q-COST & COPQ

서문수, 정현석, 김흥철 공저

B.C.Info

머리말

제품이나 서비스를 제공하는 모든 조직은 고객, 시장과 사회로부터 많은 요구를 받고 있다. 그러므로 기업은 이처럼 까다롭고 복잡한 요구사항에 대응하고 함과 아울러 고객을 만족시키기 위해 기업 운영에 적합하다고 생각되는 시스템을 구축하여 운영하고 있다.

기업이 이와 같은 시스템을 어떻게 구축하여 운영하느냐에 따라 고객의 만족과 충성도가 결정되므로 이러한 시스템의 구축은 매우 중요하다고 할 수 있다.

그러므로 기업이 한 단계 더 도약하기 위해서는 현재 운영 중인 모든 시스템을 지속적인 개선을 통하여 최적화하는 것이 필요하다.

최적화란 그 기업의 모든 조직의 시스템이 대상이며 각 부문에서 부적합한 업무수행과 비부가가치의 발생을 줄여서 이익을 창출하여야 하는데 품질과 관련된 문제를 경영의 공통 척도인 화폐단위로 환산하여 인식함으로써 경영자를 포함한 모든 조직구성원에게 품질의 중요성과 그 영향도를 정확히 이해시켜야 한다.

품질경영의 목표는 최저의 품질코스트로 소비자가 만족할 만한 품질보증을 달성하는 것으로 이상적 품질경영 활동은 생산자 입장에서 본 생산자 품질코스트와 사용자 입장에서 본 사용자 품질코스트의 합계가 최저가 되는 수준에서 수행되는 품질경영이다.

품질코스트는 품질계획의 전반적인 효율을 비용면에서 평가하는 방법이며 품질의 전반적인 욕구를 만족시켜주는 프로그램 수립의 수단, 문제의 영역과 활동의 우선순위를 결정하고 품질에 관련된 여러 활동에서 최적의 노력을 찾는 방법이며 품질관리 활동을 비용면에서 평가할 수 있는 경제적이고 합리적인 척도로 품질코스트 측정 목적은 경영자가 기업내 품질 문제에 적절한 대책을 마련하기 위해 실시되는 모든 활동의 식별기준 제공에 있으며 품질문제의 개선 우선순위를 기업의 목적과 연관 하여 명쾌하게 결정하며 개선의 효과를 화폐단위로 측정, 평가함으로써 품질에 대한 인식을 새롭게 하여 종업원의 자발적, 적극적 참여를 유도하여 지속적인 코스트 절감 유도하고 기업 체질 개선 시키는 시스템이다. 시스템의 도입 및 활용을 통하여 기업의 품질관리, 생산관리, 회계 담당자들의 품질코스트 업무에 조금이나마 도움이 되는 교재로 활용이 되었으면 하고 이를 통해 발전된 회사로 거듭나기를 기대해 본다.

이 책의 구체적인 구성을 보면 전체 8장으로 구성하였다. 제1장은 품질경영과 품질코스트, 제2장은 품질코스트(COQ) 개요, 제3장은 품질코스트(COQ) 항목 도출, 제4장 품질코스트(COQ)항목 분류 및 항목별 산출 방법, 제5장은 품질코스트(COQ) 집계 및 분석, 제6장은 품질코스트(COQ) 개선 활동, 제7장은 품질코스트(COQ)의 표준화, 제8장은 품질코스트(COQ) 추진 실무 및 사례에 대하여 언급 하였다. 끝으로 미흡한 점은 지속적인 개정을 통하여 완벽한 교재가 되도록 보완해 나아갈 것이며 관련자료 및 회사 자료의 지원을 통하여 참여한 공저자 분께 감사를 드린다.

그리고 이 책의 출판에 적극적으로 협조해 주신 복두출판사 사장님을 비롯한 임직원께 진심으로 감사를 드립니다.

2024년 8월
저자 대표 서문수 씀

차례

CHAPTER 01 품질경영과 품질코스트

CHAPTER 02 품질코스트(COQ) 개요

CHAPTER 05 품질코스트 집계 및 분석

CHAPTER 06 품질코스트(COQ) 개선 활동

CHAPTER 07 품질코스트의 표준화

CHAPTER 08 품질코스트 추진 실무 및 사례

Chapter 1

품질경영과 품질코스트

1. 품질의 의미
2. 품질경영 활동에 참여 계층
3. 품질경영에서 품질코스트
4. 원가의 개념

Q-COST
&
COPQ

1 품질의 의미

품질은 경쟁력의 핵심이며 세계적 기업들은 품질을 가장 중요한 경쟁 무기로 인식하고 있다. 20세기가 테일러(Frederick W. Taylor)의 과학적 관리기법부터 시작된 생산성의 시대라면, 현재는 품질의 시대가 될 것이며 품질은 차별화의 원천이며 품질 차별화는 경쟁전략의 핵심 개념이고 기업 경영의 모든 경쟁 무기를 총칭한다.

1.1 품질을 통한 수익성 증대

기업이 성공하기 위해서는 [그림 1-1]과 같이 지속적으로 매출액을 늘려나가면서 기업 운영에 소요되는 비용절감을 통하여 수익성을 증대하여야 한다. 기업의 비용에는 꼭 필요한 비용, 없으면 좋은 비용, 꼭 없어져야 하는 낭비 비용이 있다

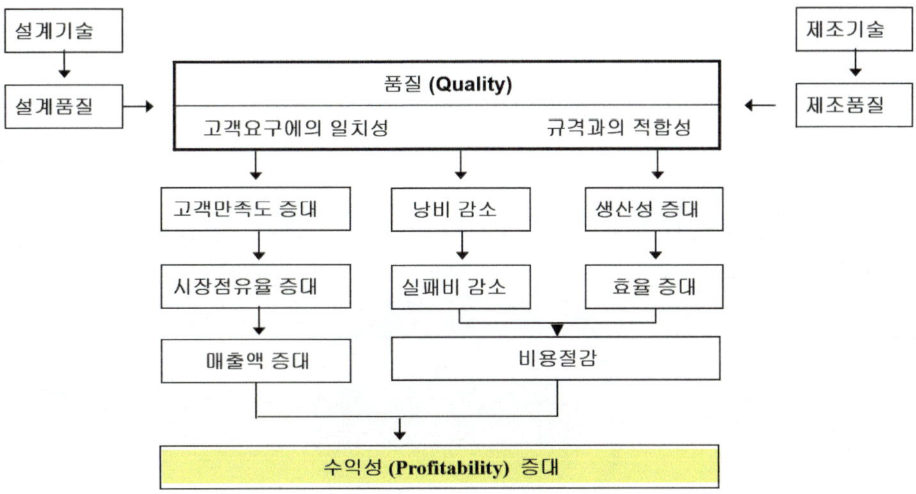

[그림 1-1] 수익성 증대 방법

1.2 기업활동에서의 품질

기업활동은 [그림 1-2]와 같이 자원의 QCD, 업무의 QCD, 제품의 QCD를 통하여 기업의 최대 경쟁 무기인 기업활동의 품질을 달성할 수 있다.

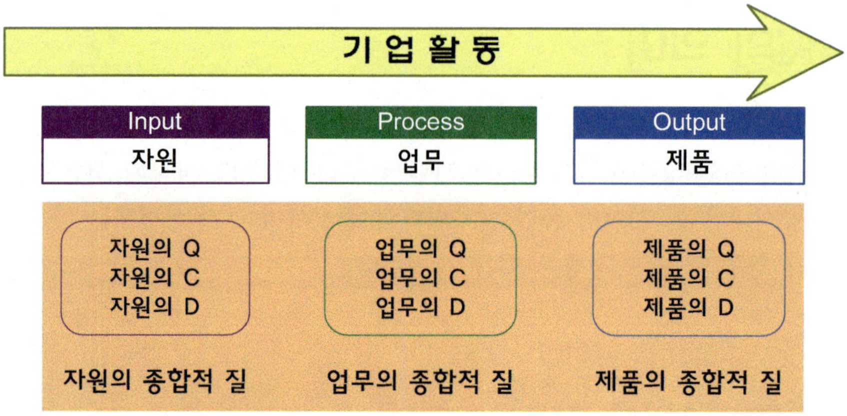

[그림 1-2] 기업활동의 품질

1.3 품질에 영향을 미치는 활동

품질에 영향을 미치는 활동은 제품의 설계 및 개발부터 마케팅 및 시장조사까지 각 기능별로 [그림 1-3]과 같다.

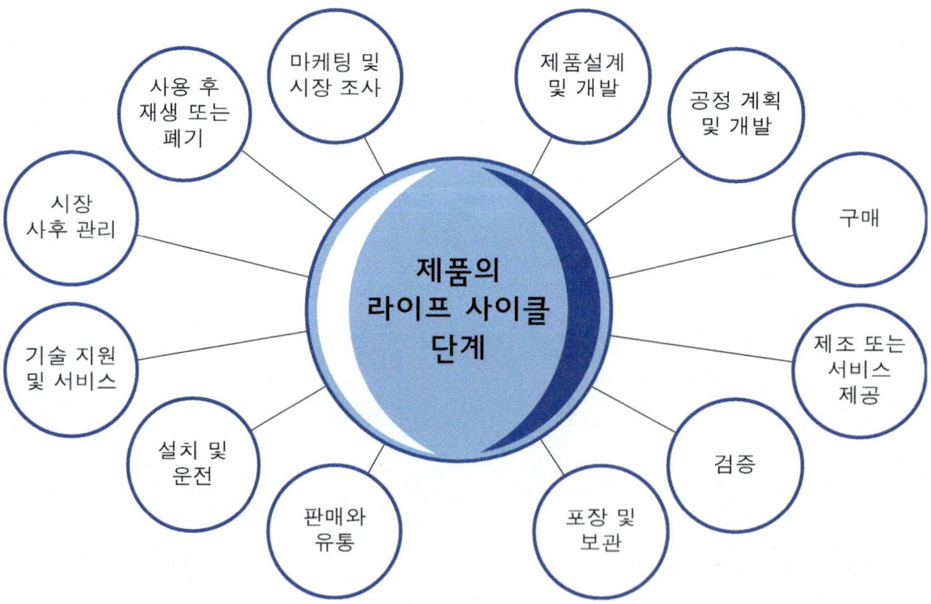

[그림 1-3] 품질에 영향을 미치는 활동

1.4 설계품질과 적합품질

품질은 고객 요구를 일치시키는 것이며 [그림 1-4]와 같이 고객 요구와 설계 시방의 일치를 설계품질이라 하고 설계 시방과 실제 제품과의 일치를 적합품질이라 한다.

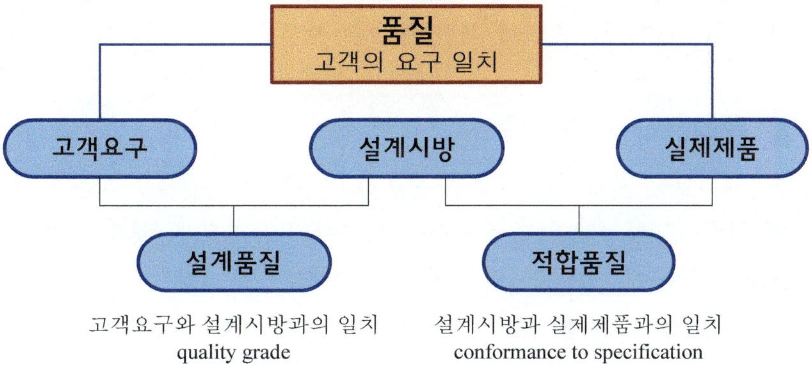

[그림 1-4] 설계품질과 적합품질

2 품질경영 활동에 참여 계층

2.1 TQC 시대와 TQM 시대

[그림 1-5]에서와 같이 TQC 시대에는 현장(생산 부문)의 일선 종업원에 의한 활동에서, TQM 시대에서는 경영자 품질정책 및 전략을 중심으로 관리자들은 품질 시스템 구축, 예방 활동 전개를, 현장 종업원은 각종 개선활동을 하는 수직적(TOP에서 현장 종업원), 수평적(생산 부문에서 전 부문) 확대가 이루어지고 있다.

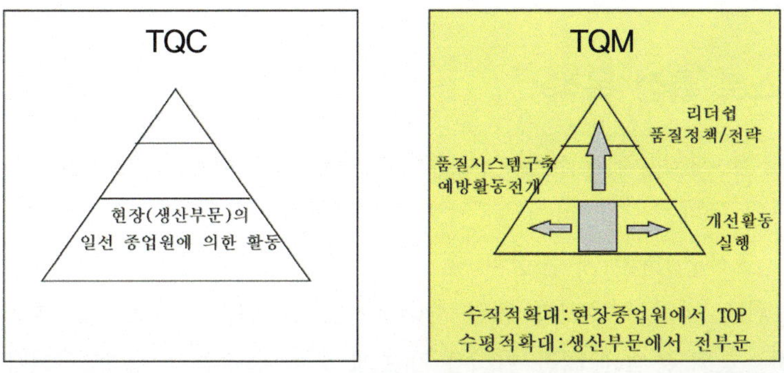

[그림 1-5] TQC 시대와 TQM 시대

2.2 계층별 가치 기준

1) 경영자의 가치 기준

품질리더쉽, 품질정책 및 전략을 수립하여 첫째 지속적인 품질개선을 신뢰하고, 둘째 품질이 경영전략의 중요변수로 인식되며, 셋째 품질이 조직 내 중심 가치로 자리잡고, 넷째 품질담당 조직보다 각 부서의 관리자가 품질에 대한 궁극적 책임을 지는 문화를 만들어야 한다.

2) 관리자 및 종업원의 가치 기준

관리자는 품질개선활동 전개, 예방시스템 구축하고 현장 종업원들은 첫째 자신의 산출물에 대한 품질 책임 인식, 둘째 고객의 요구에 따라 처음부터 올바르게, 셋째 목표는 무결점(Zero Defect), 넷째 품질 활동에 전원참여원칙, 다섯째 지속적 문제해결이 일상화, 여섯째 모든 종업원은 품질 문제 발생 시 생산중단 권한이 주어져야 한다.

3 품질경영에서 품질코스트

회사 내 품질에 관한 현상은 화폐단위에 의해 표현하고 경영자가 사용하는 언어로 품질 문제를 부각하며 지속적인 코스트 절감을 유도하여 기업 체질을 개선하여야 한다. 품질코스트 이론을 활용하면 첫째 품질계획의 전반적인 효율을 평가하는 방법, 둘째 전반적인 욕구를 만족시켜주는 프로그램 수립의 수단, 셋째 문제의 영역과 활동의 우선순위를 결정하는 방법, 넷째 품질에 관련된 여러 활동에서 최적의 노력을 결정하는 기법, 다섯째 기업은 고품질의 제품(서비스)를 생산하는 것만으로는 충분치 않다. 그 목표 품질을 달성하기 위한 비용은 품질 코스트의 장기적인 효과가 기업의 이익에 부합될 수 있도록 신중하게 관리되어야 한다.

3.1 품질코스트 측정 목적

① 측정, 공정품질 해석, 계획 입안, 예산편성 도구 및 예측 도구로 활용한다.

② 품질과 관련된 문제를 경영의 공통 척도인 화폐단위로 환산하여 인식함으로써 경영자를 포함한 모든 조직구성원에게 품질의 중요성과 그 영향도를 정확히 이해시키고 품질문제의 개선 우선순위를 기업의 목적과 연관 하여 명쾌하게 결정하며 개선의 효과를 화폐단위로 측정, 평가함으로써 품질에 대한 인식을 새롭게 하여 종업원의 자발적, 적극적 참여를 유도한다.

③ 품질관리목표는 최저의 품질코스트로 소비자가 만족할 만한 품질보증을 달성하는 것으로 이상적 품질관리 활동은 생산자 입장에서 본 생산자 품질코스트와 사용자 입장에서 본 사용자 품질코스트의 합계가 최저가 되는 수준에서 수행되는 품질관리이다. 품질코스트는 품질관리 활동을 비용면에서 평가할 수 있는 경제적이고 합리적인 척도로 품질코스트 측정 목적은 경영자가 기업 내 품질 문제에 적절한 대책을 마련하기 위해 실시되는 모든 활동의 식별 기준 제공에 있으며 품질코스트는 원가절감과 품질개선 활동에 길잡이 역할을 수행한다.

④ 품질계획의 전반적인 효율을 평가하는 방법이며 품질의 전반적인 욕구를 만족시켜주는 프로그램 수립의 수단, 문제의 영역과 활동의 우선순위를 결정하고 품질에 관련된 여러 활동에서 최적의 노력을 찾는 방법이며 기업은 고품질 제품(서비스)를 생산하는 것만으로는 충분치 않다. 그 표준 품질을 달성하기 위한 비용은 품질코스트의 장기적인 효과가 기업의 이익에 바람직하게 되도록 신중하게 관리되어야 한다.

⑤ 경영자로 하여금 품질문제를 품질코스트로 이해시켜 적절한 대책을 수립하고 품질의 문제가 어디에 있는지 가령 검사에 있는지 아니면 설계에 있는지 등을 제시함으로써 단위부서의 관리자로 하여금 효율적인 해결방안을 모색하게 하고 경영자로 하여금 품질코스트 절감 목표를 설정하고 이를 위한 계획을 수립할 수 있도록 하며 수립된 품질 목표의 달성이 원활히 이루어지도록 하고 경영자가 현장의 관리자로 하여금 의욕적인 목표를 설정하도록 동기부여를 통해 목표를 달성하도록 도움을 준다.

3.2 품질코스트를 활용한 품질경영의 효과

① 경영자의 QM에 대한 이해와 태도 변화
② QM 조직의 충실화
③ 문제해결 능력 향상
④ 매출액에 대한 Q-Cost의 비율 감소
⑤ 품질개선 활동 정착
⑥ 회사 품질수준에 대한 이해 및 공감대 형성
⑦ 회사 내 품질에 관한 현상을 화폐단위로 표현
⑧ 경영자가 사용하는 언어로 품질문제를 부각
⑨ 지속적인 코스트 절감 유도
⑩ 기업 체질 개선 효과 기대

3.3 계층별 사용언어

경영계층별 사용언어는 [그림 1-6]과 같고 그 언어의 개념은 [표 1-1]과 같다.

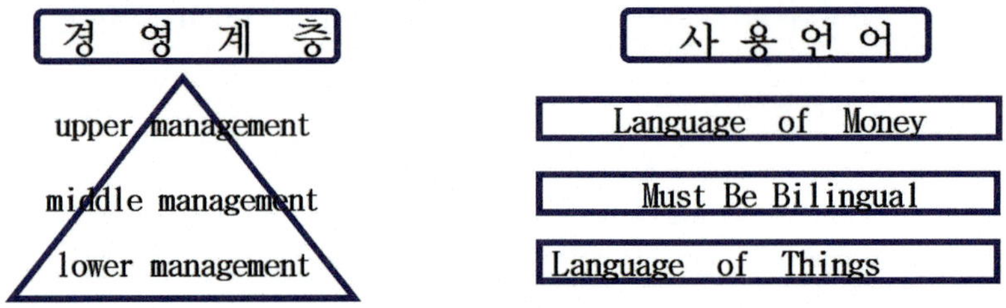

[그림 1-6] 계층별 사용언어

[표 1-1] Language of Money vs Language of Things

Language of Money	Language of Things
1. 프로젝트 수행비용 2. 당기 투자비용 3. 연간 비용 절감액 4. 추정 절감 가능액 5. 투자회수기간	1. 프로젝트의 목적 2. 프로젝트 활동내용 3. 요구되는 인력 및 설비 4. 프로젝트 책임자/멤버 5. 일정계획 6. 기대효과 -유형 / 무형

3.4 품질의 3원칙과 품질코스트

제1원칙

고객의 불만을 야기시킬 소지가 있는 불량품은 처음부터 만들지 않는다. (예방코스트)

제2원칙

만에 하나 제1의 원칙을 준수하지 못해 불량품이 나오는 경우 이것을 절대로 고객에게 전달하지 않는다. (평가코스트)

제3원칙

제2의 원칙마저도 무너져 불량품이 고객에게 전달되는 경우가 발생하면 신속하게 조처해야 한다. (실패코스트)

3.5 1:10:100의 법칙

작은 실수를 방치 하였을 경우 그 코스트는 적게는 10배, 크게는 100배까지 증가하는 큰 문제로 바뀐다는 의미의 법칙이며 아래 [그림 1-7]과 같이 단계가 지날수록 손실이 10배씩 증가한다는 법칙이다.

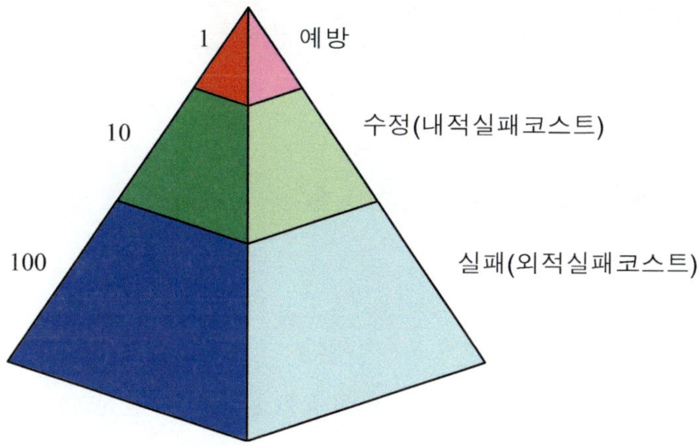

[그림 1-7] 1:10:100의 법칙

3.6 품질코스트 발생단계 및 빈도

품질코스트 발생 단계 및 발생 빈도는 [그림 1-8]과 같다.

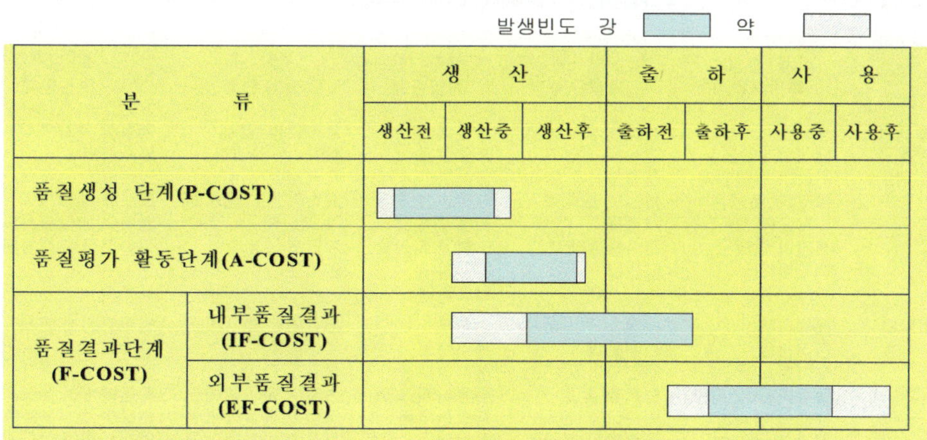

[그림 1-8] Q-Cost 발생단계 및 빈도

3.7 품질 발전단계와 품질코스트

품질 발전단계와 품질코스트의 실제치와 보고치는 아래 [그림 1-9]와 같다.

발전단계		불확실단계	각성단계	개발단계	성숙단계	확신단계
매출액대비 품질코스트	보고치	측정안됨	13.0%	8.0%	6.5%	2.5%
	실제치	20% 이상	18.0%	12.0%	8.0%	2.5%

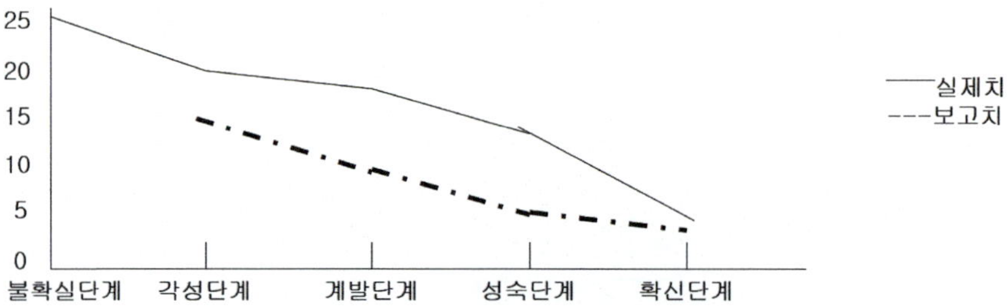

[그림 1-9] 품질 발전단계와 품질코스트

3.8 TQM의 단계와 품질코스트

TQM의 단계와 품질코스트에 대한 전 직원의 이해와 태도, 품질 업무의 수행, 문제와 취급, 품질의 측정 및 품질향상 개념의 변화는 [표 1-2]와 같다.

[표 1-2] TQM의 단계와 품질코스트

성숙단계 / 평가기준	제1단계: 불확실단계	제2단계: 각성단계	제3단계: 개발단계	제4단계: 성숙단계	제5단계: 확신단계
품질에 대한 전직원의 이해와 태도	품질을 달성하겠다는 인식이 되어있지 않고, 품질관련 부서에만 그 책임이 있다고 생각한다.	품질의 중요성은 인식하고 있지만, 품질향상을 위해 자신의 노력과 시간을 투자하려하지 않는다.	품질에 대한 중요성을 인식하고, 품질향상을 위해 자신의 노력과 시간을 투자하고 협조한다.	품질경영 절대 4원칙을 이해하고 적극참여하며, 지속적인 관심속에 각 개인의 책임의식이 인식된다.	품질이 회사의 필수적인 요소로 인정되고 고객의 요구에 부합하기 위한 활동이 우리회사의 고유문화로 정착된다.
품질업무의 수행	품질업무는 품질관련 부서에서만 다루어지며, 다만 제품의 검사와 평가 및 clain 처리만 주력하게 된다.	품질업무는 회사 전부문이 관련되어 있다는 인식을 갖고 있으나, 여전히 품질관리 부서에 책임을 전가하며, 제품의 평가 및 생산지원을 주업무로 생각한다.	회사의 전부분문이 품질업무를 수행하게 되고 품질업무를 자신의 일상업무로 생각한다.	품질업무를 우리의 일상업무로 생각하고, 이를 위하여 자기일에 대한 현황파악과 사전 예방차원에서 업무를 수행한다.	업무수행에 앞서 고객을 먼저 생각하고 문제점에 대한 사전예방이 생활화되며 품질이 회사를 이끄는 업무표준이 된다.

문제와 취급	문제점이 발생했을 경우에만 해결책을 강구하려 하거나, 타인이나 다른 부문에게 책임을 전가한다.	문제점을 해결하기 위하여 각 개인의 역할을 인식하고 있으나, 장기적인 안목에서 문제점에 대처하지 못하고 임기웅변으로 처리한다.	문제점을 해결하기 위한 시스템이 체계화되어 있으며, 각 개인은 문제점의 해결에 그 역할을 다하려 한다.	모든 문제점은 초기에 발견되어 해결 되어지며 각 개인은 모든 문제가 나로부터 발생되는 생각하에서 문제에 적극 대처한다.	대부분의 문제점이 특별한 경우를 제외하고는 발생되지 않으며 모든 문제의 취급이 예방차원에서 이루어진다.
품질의 측정 (불일치 비용)	불일치비용을 알지못하므로 얼마만큼 불일치 비용이 발생 되었는지를 모른다.	불일치비용을 인식하고는 있으나, 이를 줄이는데 노력이 미흡하다.	불일치비용을 인식하고 이를 줄이는데 각 개인의 책임을 인식하고 노력한다.	불일치비용을 적극적으로 찾아내고, 이를줄여나가기 위해 처음부터 올바르게 업무를 수행하는 것을 생활화한다.	불일치비용이 거의 발생하지 않는다
품질향상	**TQM**활동에 대한 필요성을 인식하지 못한다.	**TQM**활동에 대한 필요성은 인식하고 있으나 참여하고있지 못하다.	**TQM**활동에 대한 필용성을 인식하고, 참여하고 있다.	**TQM**활동에 대한 필요성을 인식하고, 이의 성공을 위해서 자발적이고 적극적으로 참여하고 있다.	**TQM**활동이 품질향상을 위한 근본방침으로 인식디어 지속적으로 시행한다.

4 원가의 개념

4.1 원가란?

특정 목적을 달성하기 위하여 투입된 경제적 자원(회계학적) 즉, 어떤 목적을 달성하기 위하여 수행한 활동에 투입된 인적, 물적 자원의 희생을 화폐적으로 특정한 것을 말한다.

INPUT	경영활동	OUTPUT
경영 원가	경영 활동	경영목적 달성
· 구매 원가 · 생산 원가 · 판매 원가 · 투자 원가	· 구매 활동 · 생산 활동 · 판매 활동 · 투자 활동	· 재화 취득 · 제품 생산 · 매출 창출 · 자금의 조달 및 상환 · 투자물 취득

4.2 제조 원가

제조 원가의 구성은 [그림 1-10]과 같이 재료비, 노무비, 경비로 구성되어 있으며 가격에도 거품은 있다.

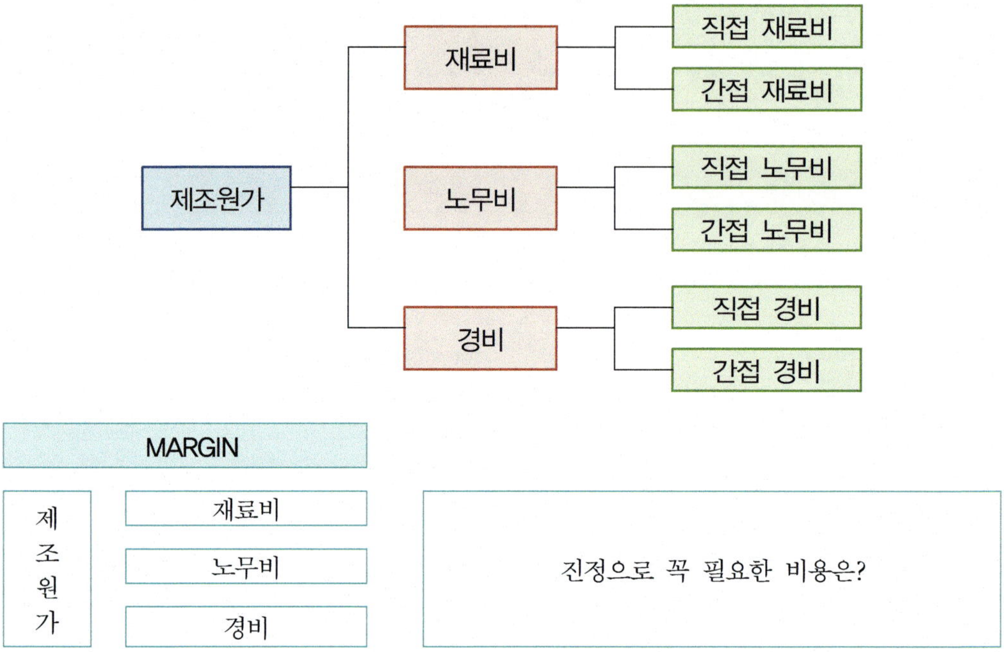

[그림 1-10] 제조원가의 구성

1) 고정비

매출액이나 조업도의 증감 변화에 관계 없이 일정 기간 중 일정 금액이 발생하는 비용으로 고정비는 기간 총액으로 고정적인 비용이나 제품 단위당으로는 매출액 규모에 따라 변동한다.

고정비 = 판매비와 일반 관리비 + 노무비 + 제조경비 + 금융비용 + 감가상각비

2) 변동비

매출액이나 조업도의 종합변화에 따라 비례해서 변동되는 비용으로- 변동비는 기간 총액으로는 매출액의 증감에 비례하여 증감하는 비용이지만 제품 단위당으로는 변동하지 않는다.

변동비 = 총비용 - 고정비

3) 비제조원가

비제조원가 = 판매비 + 일반 관리비

4) 총 원가

총 원가 = 제조원가 + 판매비 + 일반 관리비

5) 판매 가격

판매 가격 = 총원가 + 이익

6) 판매 이익

판매 이익 = 판매 가격 - 총원가

4.3 손익 계산서의 형태

손익 계산서의 구분, 비용, 수익 및 내용은 [표 1-3]과 같다.

[표 1-3] 손익 계산서

<table>
<tr><th>구분</th><th>비용</th><th>수익</th><th>내용</th></tr>
<tr><td>판매한 제품들이나 상품의 생산 원가와 구입 가격</td><td>매출원가</td><td rowspan="3">매출액</td><td rowspan="3">제품, 상품, 용역 등을 판매할 금액</td></tr>
<tr><td>제품, 상품 등을 판매하거나 관리하면서 발생한 비용</td><td>판매비와
일반 관리비</td></tr>
<tr><td>부족한 자금을 차입하면서 부담하는 이자 등의 비용</td><td>영업 외 비용</td></tr>
<tr><td>재해 손실과 같이 비경상적으로 발생한 거액의 손실</td><td>특별 손실</td><td rowspan="2">영업 외
수익</td><td rowspan="2">예금, 채권에 대한 이자와 주식에 대한 배당금</td></tr>
<tr><td>벌어들인 이익에 대해 부담하는 법인세, 주민세 및 농어촌 특별세 등의 세금</td><td>법인세
비용</td></tr>
<tr><td>수익에서 비용을 차감한 잔액
수익 〉 비용 → 당기 순이익
수익 〈 비용 → 당기 순손실</td><td>당기
순이익</td><td>특별 이익</td><td>채무 연체일과 같이 비경상적으로 발생한 이익</td></tr>
</table>

4.4 손익 계산서와 기업활동 (2024년 00일부터 2024년 00일까지)

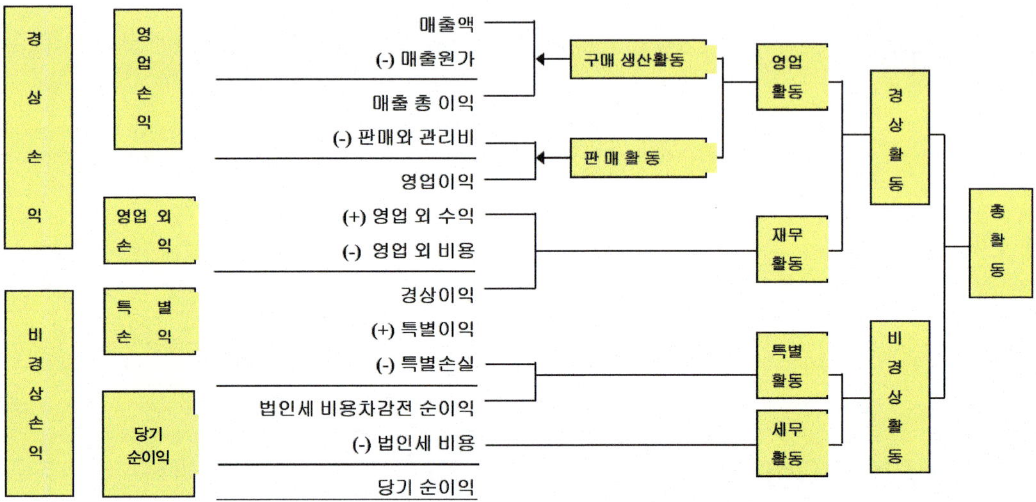

[그림 1-11] 손익 계산서

4.5 매출원가 계산 내역

	매출액
(–)	매출원가
	매출 총 이익
1) (–)	판매와 관리비
	영업이익
2) (+)	영업 외 수익
3) (–)	영업 외 비용
	경상이익
4) (+)	특별이익
5) (–)	특별손실
	법인세 비용차감전 순이익
(–)	법인세 비용
	당기 순이익

1) 판매와 관리비

판매 부문(영업부, 특판부, 해외영업부, 판매 촉진부등)과 관리부문(경리부, 인사부, 총무부, 기획부 등)에서 영업 및 관리 활동을 위해 부담한 [표 1-4]의 비용을 말한다.

[표 1-4] 판매와 관리비

NO	항목	관련 비용
1	인건비 관련 비용	급여, 퇴직급여, 상여, 수당, 복리후생비, 퇴직급여 충당금 전입액 및 단체 퇴직급여 충당금 전입액
2	영업활동 관련 비용	접대비, 여비 교통비, 광고선전비, 보관료, 견본비, 포장비, 개발비, 운반비, 대손상각, 판매 수수료
3	부대설비 관련 비용	통신비, 수도광열비, 세금과 공과금, 임차료, 수신비, 감가상각비, 보험료

2) 영업 외 수익

영업활동(생산 판매 · 관리)이 아닌 재무 활동(잉여 자금의 운용)에서 벌어들인 이자수익, 배당금 수익, 채무 면제 이익, 매입할인, 외화환산이익, 임대료, 외환 차익, 사채상환이익, 유형자산 처분이익, 상각 채권 추정이익, 유가증권 처분 이익을 말한다.

3) 영업 외 비용

채무 활동(부족 자금의 조달)에 따라 부담하는 이자 비용, 창업비 상각, 유가증권 평가손실, 매출할인, 사채상환손실, 연구개발비 상각, 외환차손, 개업비 상각, 재고자산 평가손실, 기부금, 대손상각비, 신주 발행비 상각, 투자자산평가손실, 유형자산 처분손실, 사채발행비 상각, 외화환산손실, 유가증권 처분손실을 말한다.

4) 특별 이익

비경상적인 활동에 따라 발생하는 자산 증가이익, 채무 면제 이익, 전기 오류수정 이익, 임시 거액의 영업 외 수익, 보험차익 등을 말한다.

5) 특별 손실

비경상적인 활동에 따라 발생하는 재해 손실, 임시 거액의 영업 외 손실, 전기 오류 수정 손실을 말한다.

4.6 이익

1) 산출방법

이익 = 매출액(매출량 × 매출가격) − 비용(변동비 + 고정비)

(단위: 만원)

구분	A사	B사
매 출 액	1,000	1,000
변 동 비	600	400
한계이익	400	600
고 정 비	300	500
이 익	100	100

2) 다음기의 손익계산서 방법

내용	A사	B사	비고
(1) 현상에 대해, 매가 10% 인상 (기타는 같다)	200	200	풀이(1)
(2) 현상에 대해, 수량 10% 증가(기타는 같다)	140	160	풀이(2)
(3) 현상에 대해, 변동비 10% 인하(기타는 같다)	160	140	풀이(3)
(4) 현상에 대해, 고정비 10% 인하(기타는 같다)	130	150	풀이(4)

(1) 현상에 대해, 매가 10% 인상

구분	A사	B사
매 출 액	1,100	1,100
변 동 비	600	400
한계이익	500	700
고 정 비	300	500
이 익	200	200

(2) 현상에 대해, 수량 10% 증가

구분	A사		B사	
매 출 액	1,000		1,000	
변 동 비	600		400	
한계이익	400×0.1	=40	600×0.1	=60
고 정 비	300		500	
이 익	100	140	100	160

(3) 현상에 대해, 변동비 10% 인하

구분	A사		B사	
매 출 액	1,000		1,000	
변 동 비	540	600×0.1=60	360	400×0.1=40
한계이익	460		640	
고 정 비	300		500	
이 익	160		140	

(4) 현상에 대해, 고정비 10% 인하

구분	A사		B사	
매 출 액	1,000		1,000	
변 동 비	600		400	
한계이익	400		600	
고 정 비	270	300×0.1=30	450	500×0.1=50
이 익	130		150	

Chapter 2

품질코스트(COQ) 개요

1. 품질코스트
2. 품질코스트 모형(Quality Cost Model)

Q-COST
&
COPQ

1 품질코스트

1.1 품질코스트 연구의 변천

품질과 코스트와의 관계로 볼 수 있는 품질의 경제성이 품질코스트의 개념으로 근대 품질관리의 발생지인 미국에서 인식된 것은 1950년대 초이다

① 품질코스트의 개념이 처음으로 제시
1951년 쥬란(J. M. Juran)이 편집한 『Quality Control Handbook』에서 품질코스트를 "회피 가능한 비용의 범주(Total of Avoidable Costs of Quality)"로 정의

② 품질코스트에 관한 최초의 논의
1953년 미국의 필라델피아에서 개최된 ASQC(미국품질학회: America Society for Quality Control)의 제7차 회의에서 W. H. Lesser가 품질코스트(Cost of Quality)라는 논문발표

③ 품질경영자의 품질코스트에 대한 이해는 물론 품질코스트의 분석 및 도입을 주장
1957년 General Electric사의 W. J. Masser가 "품질관리자와 품질코스트"라는 논문에서 『소비자의 요구 내지 품질보증과 경제적 생산』을 위해서 Q-COST의 이해와 도입을 주장. 품질코스트를 오늘날과 같이 3가지의 코스트로 즉 예방비용, 평가 비용 및 실패 비용으로 분석이 가능하다고 논술

④ 품질시스템의 유효성을 높이기 위해서 품질관리활동의 경제성 평가 척도가 되는 품질코스트 중심의 종합적인 품질관리의 출현
1960년대 초에 Lessser, Masser 및 Feigenbaum이 GE사에서 함께 종사하면서 품질코스트의 분류방식을 개발하여 부분적이나마 품질의 경제성 평가에 이용

⑤ 1970년대 P. B. Crosby 14단계의 Q-Program 제창.
품질측정기준으로 Q-Cost 주장

⑥ 1980년대 마이클 해리의 6시그마 수준에 따른 품질비용 제시
저품질손실비용(COPQ)으로서 품질 총비용은 기업의 잠을 깨우는 "Wake-up Call"

⑦ 1980년 ASQC "Guide for Managing Vendor Quality Costs"

1.2 품질코스트의 정의

1) J.M. Juran

불량품과 관련되어 발생되는 코스트(불량품의 생산비용, 불량발견비용, 개선대책비용 등) 양품의 생산비용은 제외

2) J.M. Groocock

실제로 제품을 생산하고 판매하는데 발생되는 코스트와 이상적 코스트간의 차이 품질코스트(COQ) = Actual Costs - Ideal Costs

3) W.J. Morse

제품이나 서비스가 처음부터 올바르게 생산되지 못하였거나 그러한 가능성에 의해 소비된 유무형의 손실액

4) P.B. Crosby

- 처음부터 올바르게 업무를 수행하지 못함에 의해 야기되는 코스트
- (내 · 외부) 고객의 요구를 충족시키지 못함에 의해 발생되는 손실액

1.3 품질코스트의 분류

[표 2-1] 품질코스트의 분류체계

<table>
<tr><td rowspan="6">품질코스트
(COQ)</td><td rowspan="4">생산자
품질코스트</td><td colspan="2">예방코스트
(Prevention Costs)</td><td rowspan="2">POC
(Price Of
Conformance)</td></tr>
<tr><td colspan="2">평가코스트
(Appraisal Costs)</td></tr>
<tr><td rowspan="2">실패코스트
(Failure
Costs)</td><td>내부 실패코스트
(Internal Failure Costs)</td><td rowspan="4">PONC
(Price Of
Nonconformance)</td></tr>
<tr><td>외부 실패코스트
(External Failure Costs)</td></tr>
<tr><td rowspan="2">사용자
품질코스트</td><td colspan="2">소비자 부담 코스트
(Cost Of Consumer Burden)</td></tr>
<tr><td colspan="2">기회 손실 코스트
(Lost Opportunity Cost)</td></tr>
</table>

[표 2-2] 비용별 품질코스트의 분류체계

품질코스트 (COQ)	불가피비용 (Un avoidable Cost)	예방비용 (Prevention Costs)	업무 Process상에서 발생하는 낭비나 손실을 예방하고 제거하는 활동에 소요되는 비용
	가피비용 (Avoidable Cost)	평가비용 (Appraisal Costs)	제품/서비스/ Process가 제대로 작동되는지 검사 /Simulation하는 활동과 관련되는 비용
		내부실패비용 (Internal Failure Costs)	제품/서비스를 고객에게 인도/발송하기 이전에 발생하는 문제와 관련된 비용
		외부실패비용 (External Failure Costs)	제품/서비스가 고객에게 인도된 후 발견된 문제와 관련된 비용
		소비자 부담코스트 (Cost Of Consumer Burden)	저품질로 인하여 소비자에게 부담되는 코스트
		기회 손실 비용 (Lost Opportunity Cost)	제품/서비스의 품질/납기/가격 등에 대한 고객 불만족 때문에 초래되는 고객이탈에 따른 비용

1.4 품질코스트(COQ)와 품질손실비용(COPQ)

[표 2-3] 품질코스트(COQ)와 품질손실비용(COPQ)

품질코스트 (COQ)	POC	예방비용(Prevention Costs)
	PONC (COPQ)	평가비용(Appraisal/Inspection Costs)
		내부실패비용(Internal Failure Costs)
		외부실패비용(External Failure Costs)
		기회 손실 비용(Lost Opportunity Cost)

1) COPQ: Cost of Poor Quality

완벽한 품질 상태에서는 지출되지 않아도 되는 비용이며 부가가치를 창출하지 못하는 모든 활동 또는 그 결과에 의한 비용을 말한다.

COPQ = Actual Cost - Theoretical Cost(Minimum Cost)

2) Cost of Poor Quality

COPQ는 [그림 2-1]과 같이 회계상으로 파악할 수 있는 손실과 회계상으로 파악할 수 없는 손실로 구분할 수 있다.

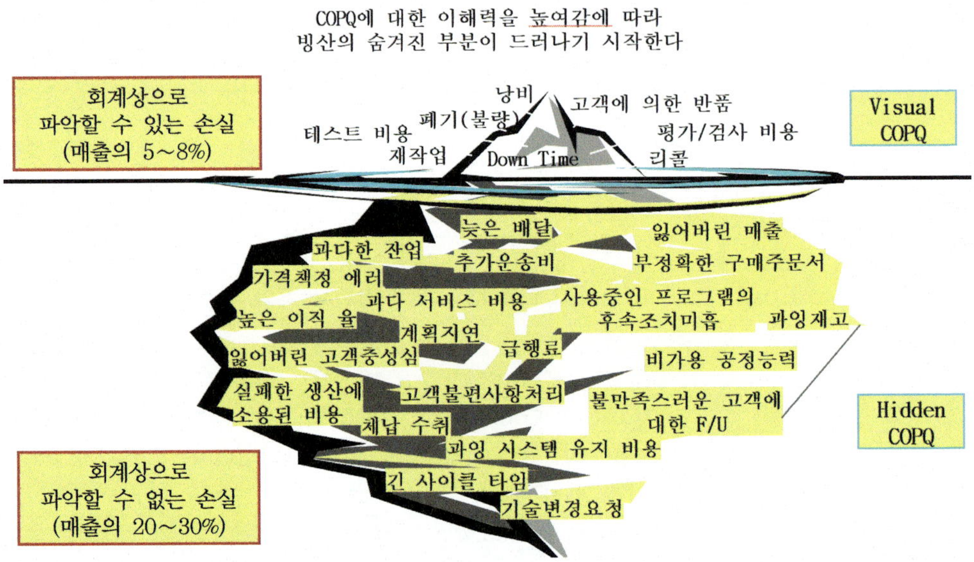

[그림 2-1] Cost of Poor Quality

3) 품질코스트(COQ)와 품질손실비용(COPQ) 비교

품질코스트와 COPQ의 비교는 범위, 목적, 특징에 따라 [표 2-4]와 같이 구분할 수 있다.

[표 2-4] 품질코스트(COQ)와 품질손실비용(COPQ) 비교

구분	COQ	COPQ
범위	- 예방/평가/내부실패/외부실패 - 공정/시장 불량, 제품 중심 - 눈에 보이고 관리 가능한 분야	- 평가 / 내부실패 / 외부실패 - 마케팅, 개발, 간접부문 등 모든영역 - 보이지 않는 기회비용 포함 - 목표치로부터의 산포 손실
목적	- Trend 관리를 통한 Loss 감축	- 원인을 분석하여 개선 활동과 연계하여 Loss 감축
특징	- 시스템 관리 - 매월 Trend 관리 용이	- 수작업 추출 - 전사 Loss규모 파악 및 실행과제 발굴 용이

4) 광의의 품질손실비용(COPQ)

COPQ는 기업 내에서 불필요하게 발생하는 손실 비용을 측정하는 재무적 척도를 의미하는 것으로서, 기업의 이익에 기여하지 않는 모든 것을 말한다. 즉 기존의 눈에 보이는 품질코스트에 대한 개념을 포함하면서 보이지 않는 부분의 손실 비용까지 다루고 있는 것이다.

광의 COPQ	=	Visual COPQ	+	Hidden COPQ	+	COPS
		Q-Cost에서 A, F Cost에 의한 부분		높은 이직률 고객충성심 이탈 서비스 불만족도 직행률 설계변경 건수 잦은 기술변경 등		고객만족도 저하 잠재고객 이탈 비 부가가치 업무 수요예측 부정확 등

* COPS(Cost of Poor Service)

1.5 기업의 품질코스트 수준은?

기업의 COQ 수준은 업종, 생산 형태, 생산방식, 재고관리 방식, 자동화 수준 등에 따라 매우 다양하지만 P.B.Crosby는 일반적으로 매출액 대비 10~20%, 관리상태가 초보인 경우에는 25% 이상, 심지어 50% 이상의 COQ가 나타난 기업도 있다고 분석하고 있으며 [표 2-5]는 학자별 품질코스트(COQ) 적정률을 나타내고 있다.

[표 2-5] 품질 학자별 품질코스트 적정율

품질 학자	품질코스트(COQ) 적정률
Feigenbaum	제조원가의 6~7% 수준
Kirkpatrick	제조원가의 6~7% 수준
- P.B.Crosby	매출액의 10~20% 이하 가장 이상적인 상태는 매출액의 2.5% 수준

[표 2-6]은 학자별 품질코스트(COQ) 항목별 적정율을 나타내고 있다.

[표 2-6] 품질 학자별 품질코스트(COQ) 항목별 적정률

구분		Feigenbaum	Kirkpatrick	P.B.Crosby
일치비용(POC)	예방코스트	5~10 %	10%	50%
	평가코스트	25~25 %	25%	
불일치비용(PONC)	내부실패코스트	65~70 %	50~75 %	50%
	외부실패코스트			

품질 학자별 COQ 구성비는 [표 2-7]과 같다.

[표 2-7] 학자별 COQ 구성비

품질학자	P	A	F	자료
Juran(1970)	0.5~5%	10~50%	50~90%	미국
Gryna Jr.(1980)	0.5~5%	10~50%	45~80%	미국
Feigenbaum(1983)	5~10%	20~25%	60~70%	미국
Morgan & Ireson(1964)	5~10%	10~30%	40~60%	미국
Kirkpatrick(1970)	10%	25%	50~75%	미국
Grilmore(1970)	12%	35%	53%	미국
Robertson(1971)	5%	30%	65%	영국

■ 이 자료는 미국, 영국기업의 입장에서 정리한 것임

Gilmore가 조사한 미국 기업의 업종별 품질코스트(COQ) 항목별 구성비는 [표 2-8]과 같으며 이 표를 보면 정밀한 업종일수록 총 품질코스트는 높아지고 단순 업종일수록 낮아지는 것을 알 수 있으며 정밀업종의 경우 예방 및 평가코스트의 비율이 높고, 상대적으로 실패코스트는 낮으며 첨단 산업으로 갈수록 평가코스트의 비중이 높아지는 것을 알 수 있다. 이는 불량 발생시 손실 금액이 매우 크기 때문에 평가활동에 상대적으로 많은 코스트가 발생되고 일반적인 기계업종의 경우 내부 실패코스트의 비율이 높은 것을 알 수 있다.

[표 2-8] Gilmore가 조사한 미국 기업 업종별 품질코스트(COQ) 항목별 구성비

구분	종이제품	석유화학	조립금속	기계	전기전자	정밀기기
예방코스트	40%	21%	48%	8%	16%	3%
평가코스트	48%	60%	28%	13%	45%	34%
실패코스트	12%	20%	24%	79%	40%	63%

업종별 제조원가 및 매출액 대비 품질코스트(COQ)의 비율은 [표 2-9]와 같다

[표 2-9] Gilmore가 조사한 미국 기업 업종별 제조원가 및 매출액 대비 품질코스트(COQ) 비율

업종	섬유/의복/가죽	목재/가구	석유/화학	금속	전기	전자	기계	수송기계	비금속광물	기타	합계
제조원가 대비	8.6%	12.5%	10.1%	10.5%	5.8%	5.7%	8.9%	8.9%	11.9%	9.0%	9.1%
매출액 대비	7.3%	7.1%	8.3%	7.1%	4.9%	6.4%	7.2%	5.0%	8.8%	7.4%	7.0%

Harrington이 조사한 미국 기업 업종별, 매출액 대비 품질코스트 구성 비율은 [표 2-10, 2-11]과 같다.

[표 2-10] 미국 기업 업종별 품질코스트 구성 비율 Harrington

구분	P	A	IF	EF
엑세사리	9.9	54.1	32.2	3.8
항공기제조	13.7	54.6	28.6	3.1
석유화학	14.1	23.0	42.1	20.8
전기전자	21.2	44.6	26.7	7.5
섬유	10.5	34.4	39.2	15.9
가구	13.1	35.4	31.4	20.1
장비	16.6	29.2	24.5	29.7
기계	11.0	23.6	39.7	25.7
미사일우주	22.5	57.1	15.9	4.5
1차금속	6.5	24.0	48.6	20.9
고무프라스틱	2.7	15.7	64.6	17.0
운송장비	8.7	45.2	33.2	12.9
평균	12.5	36.7	35.6	15.2

[표 2-11] 미국 기업 매출액 대비 품질코스트 구성 비율 Harrington

구분	Total	P	A	IF	EF
엑세사리	6.34	0.63	3.43	2.04	0.24
항공기제조	4.54	0.62	2.48	1.30	0.14
석유화학	4.82	0.68	1.11	2.03	1.00
전기전자	10.38	2.20	4.63	2.77	0.78
섬유	4.85	0.51	1.67	1.90	0.77
가구	2.74	0.36	0.97	0.86	0.55
장비	7.25	1.20	2.12	1.78	2.15
기계	4.44	0.49	1.05	1.76	1.14
미사일우주	7.65	1.72	4.37	1.22	0.34
1차금속	6.13	0.40	1.47	2.98	1.28
고무프라스틱	14.70	0.40	2.30	9.50	2.50
운송장비	3.89	0.34	1.76	1.29	0.50
평균	6.48	0.80	2.28	2.45	0.95

2 품질코스트 모형(Quality Cost Model)

2.1 최적 품질코스트 모형

예방, 평가 및 실패비용 간의 관계를 정의하기를 "파이겐바움(Armand V. Feigenbaum)은 예방비용과 평가비용을 관리비용이라고 하고 내부·외부실패비용을 관리 불량비용"이라고 하였는데, 품질생성 활동과 품질평가 활동 과정에서 경영자원의 대부분이 경영자의 의사에 따라 투입·사용되기 때문에 예방비용과 평가비용은 관리 가능 비용(Controllable Cost)이며, 품질불량은 경영자의 의사와는 관계없이 대부분 발생하므로 실패비용을 관리 불가능 비용(Uncontrollable Cost)으로 분류하고 있다.

관리 가능한 품질코스트인 예방비용과 평가비용을 어느 정도 투입을 하면 실패비용이 최소가 될 수 있는지에 대한 정보를 얻을 수 있으며, 이와 동시에 총품질코스트가 가장 낮은 상태가 어느 때인지를 알기 위한 하나의 단서가 될 수 있기 때문이다.

데일(B. Dale)과 쿠퍼(C. Cooper)는 이에 대해서 "부적합의 원인을 제거함으로써 실패비용을 줄이는 것은 또한 평가비용면에서의 실질적인 감축으로 이어질 수 있으며, 비용이 크고 그것의 상당 부분이 피할 수 있는 것이라는 사실에도 불구하고 예방활동과 평가활동에의 투자를 비롯한 많은 품질 관련 활동의 비용과 경제성에 대해서 기업들이 아직 잘 모르고 있다.

그리고, 검사의 형태에 따라 예방·평가·실패비용의 상관관계를 살펴보면 두 가지의 경우를 볼 수가 있는데, 먼저 [그림 2-2]는 샤르본느가 제시한 예방·평가·실패비용의 상관관계를 나타낸 것으로 품질개선을 위해 검사를 강화하거나 또는 전수검사를 하는 경우로서 품질의 적합도가 높을수록 평가비용이 증가하는 경우를 말하며, 이 때는 실패비용은 예방 및 평가비용과는 반비례 관계에 있지만, 실패비용에 대한 평가비용의 영향은 예방비용에 훨씬 못 미치는데, 이는 품질생성 활동을 강화하면 품질 불량이 줄어들고 아울러, 품질평가 활동의 필요성도 줄어든다는 것이다.

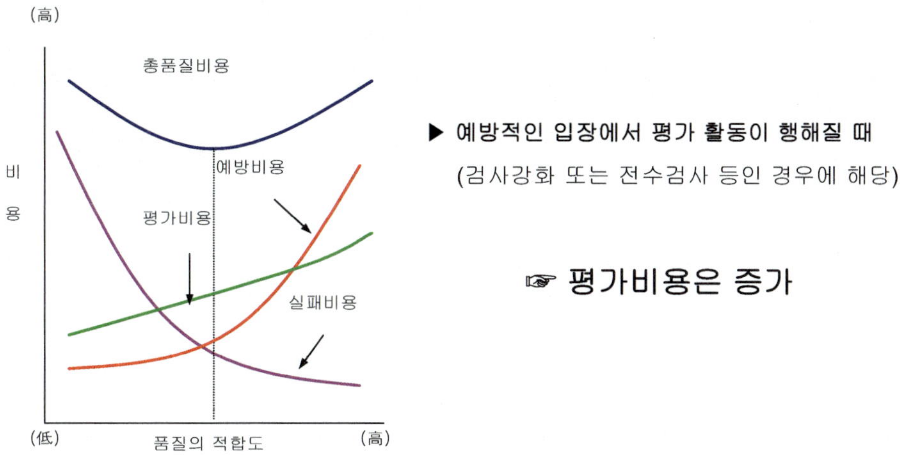

[그림 2-2] 샤르본느의 예방·평가·실패비용 개념도

다음으로는 [그림 2-3]의 커크패트릭의 품질코스트에 대한 경우로서 품질의 수준이 높아서 무 검사를 하는 경우이므로 당연히 평가비용은 품질의 적합도가 높으면 높을수록 낮아지는 것을 의미하고 있다.

[그림 2-3] 커크패트릭의 품질코스트

쥬란을 비롯한 대부분의 학자들은 예방비용과 평가비용 즉 관리 가능 비용을 묶어서 실패비용 즉 관리 불가능 비용과 반비례 관계를 [그림 2-4]와 같이 제시하고 있다. 따라서, 품질코스트를 최적화하기 위해서는 지속적인 품질개선 활동을 통해 종속변수에 해당되는 실패비용을 최소화할 수 있도록 독립변수에 해당되는 예방비용과 평가비용을 적절히 투입함으로서 예방·평가·실패비용 간의 최적배분(Optimum Apportionment)은 기업이 판매하는 제품 또는 제공하는 서비스의 종류에 따라 다를 수 있다.

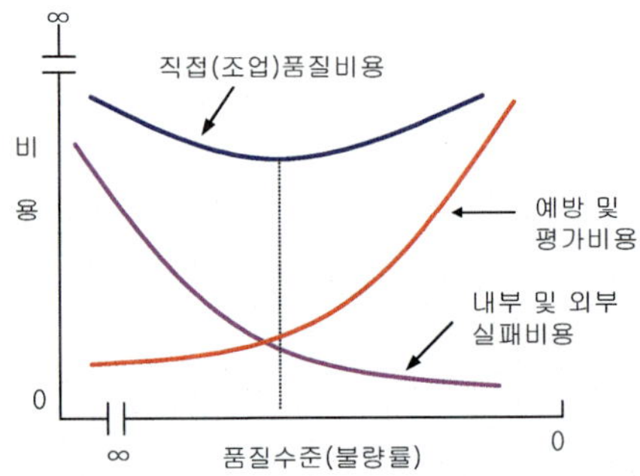

▶ 예방비용과 평가비용의 합은 실패비용과 반비례의 관계

☞ 독립변수로 하여 종속변수의 관리 가능

[그림 2-4] 예방과 평가코스트를 병합한 결합모델

2.2 경제적 품질코스트 모형

1) 전통적인 최적 품질코스트 모형

쥬란(J. M. Juran)이 제시한 전통적인 최적 품질코스트 모형은 "최적의 적합 품질관리비용"을 예방·평가비용인 관리비용과 실패비용인 관리 불가능한 비용이 같아지는 품질수준에서 제시하였으며 이처럼 전체 품질코스트가 최소가 되는 최적비용배분(Optimum Cost Mix) 상태를 아래의 [그림 2-5]과 같이 그래프로 제시, 설명하였다.

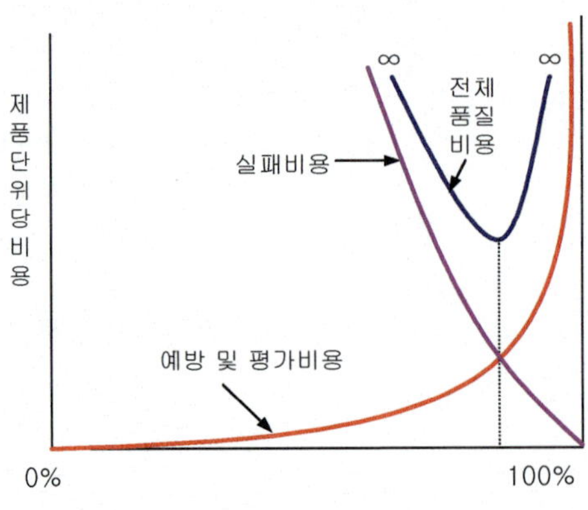

[그림 2-5] 쥬란의 최적 품질코스트 모형

그리고 쥬란은 예방·평가비용을 독립변수로 하고, 실패비용을 종속변수로 하여 전체 품질코스트가 최소가 되는 최적 품질수준을 모색하고 이러한 개념을 이용하여 적합(제조)품질의 경제적 관리를 도모할 수 있는 "품질코스트의 최적 배합 모형(Optimum Segment of Quality Cost Model)"을 제시하였다.

또한, [그림 2-6]과 같이 전체 품질코스트 곡선을 첫째 개선영역(Zone of Improvement Projects), 둘째 중립 영역(Zone of Indifference), 셋째 완전 영역(Zone of Perfection)으로 나누고 각각의 영역마다 해당되는 품질코스트의 개선 방안을 제시하였다.

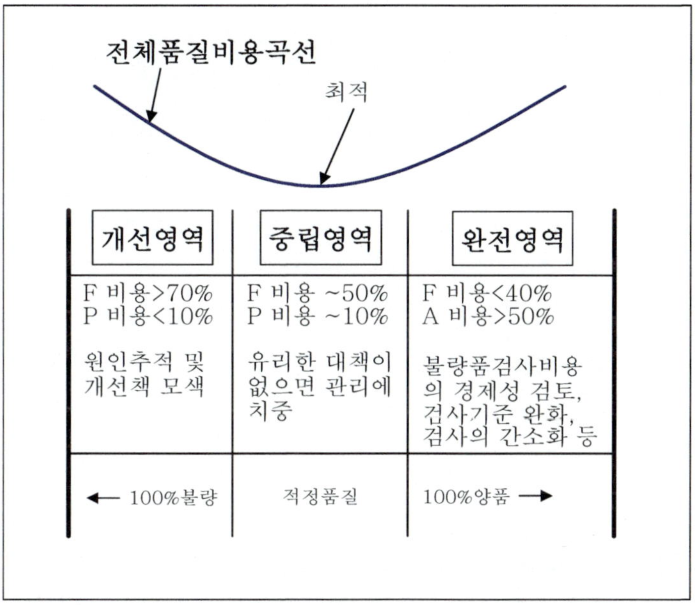

[그림 2-6] 쥬란의 품질코스트의 적정구역

2) 새로운 개념의 최적 품질수준 모형

슈나이더만(A. M. Schneiderman)은 쥬란(J. M. Juran)의 최적품질 비용을 고전적 이론이라고 칭하고 이의 수정모형을 제시하였는데, 그 이유는 쥬란의 모형에서는 100% 양품이나 완전무결(Zero Defects)에 가까운 품질수준은 경제적으로 기대하기 어렵다는 문제에 봉착하게 되어, 최적 품질코스트와 완전무결은 양립할 수 없는가? 라는 명제아래 『완전무결에 이르는 최적품질수준(Optimum Quality Level Equals Zero Defects)』를 [그림 2-7]과 같이 제시하였다.

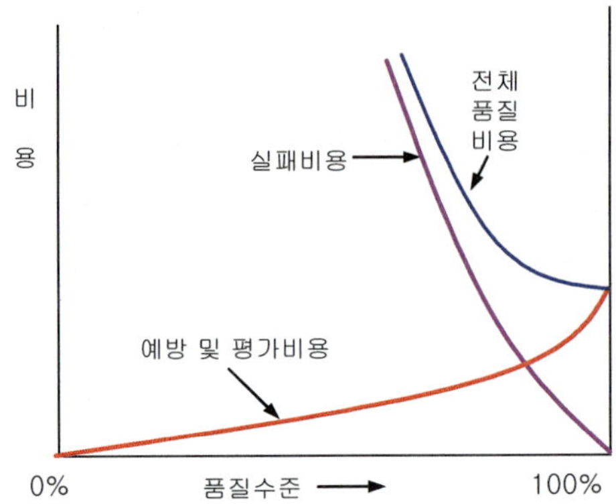

[그림 2-7] 완전무결에 이르는 최적 품질수준

그리고 품질개선 및 관리에 많은 노력이 투입되면 품질 불량을 상당히 줄일 수 있는데, 이 경우 수확체감의 법칙이 적용된다.

즉, 품질수준이 최적 품질수준을 넘어서면 품질개선에 사용된 비용에 비해 적은 효과가 나타나게 되며, 최적 품질수준이 불량제로에 이르지 못하면 쥬란의 "최적품질코스트 모형"이 적용될 수밖에 없는데, 마이클 해리가 말하는 6시그마 수준에 도달하는 기업의 경우를 제외하고는 대부분의 기업은 불량제로의 달성이 어려우므로 쥬란의 모형적용이 현실적이라고 볼 수 있다.

2.3 6시그마형 품질비용 최적 수준 모형

해리와 슈뢰더는 [그림 2-8]에서와 같이 전통적인 최적 품질코스트에 대해서 이를 품질개선에 대한 과거의 관점이라고 부르고 있으며, 과거에는 통제비용(즉, 예방비용과 평가비용)과 품질수준(불량율)이 서로 만나는 점을 최적품질수준으로 보고 이때에 발생되는 품질코스트(즉, 실패비용과 통제비용)이 최적의 품질코스트라고 하며, 이 이하로는 품질코스트를 낮출 수 없는 것으로 설명하고 있고 이때의 최적품질수준에 대해서 명확한 수준 -양품률이나 불량률 등-을 제시하지 않고 있는데 반해, 이들은 이와 같은 품질개선에 대한 과거의 관점에서의 품질수준을 4시그마(4σ) 정도라고 명시하고 있으며 이는 불량률이 6,210ppm(산업평균 : 0.62%)이며 품질코스트가 매출액의 15~25% 정도로 발생된다고 주장하고 있다는 것을 주요 차이점으로 볼 수 있다.

그리고, 과거의 관점에서는 불량률과 통제비용을 일정 수준 이하에서는 동시에 낮출 수 없다고 생각들을 하고 있는데 반해 이들이 주장하는 품질의 새로운 정의에서는 불량률이 낮아지면 낮아질수록 통제비용 또한 감소된다고 주장하고 있다. 즉, 품질수준이 5시그마(5σ)에서는 불량률이 233ppm(0.023%)으로 이때의 품질코스트는 매출액의 5~15%로 발생이 되고, 6σ에서는 불량률이 3.4ppm(0.00034%)로서 품질코스트는 매출액의 1% 이하로 발생되고 이때의 실패비용은 거의 "0"에 가까우므로 크로스비가 주창한 "Zero Defect(무결점)"가 달성이 되었을 시의 발생 가능한 품질코스트를 간접적으로 제시하고 있음을 알 수 있다.

따라서, 이것은 불량률이 거의 "0"에 가까우면 실패비용도 "0"에 가까우며, 이런 경우의 품질코스트는 결국 통제 비용과 거의 같아지기 때문에 품질코스트는 최소가 된다는 것으로서 품질수준이 최고인 기업의 경우에는 제품과 서비스에 대한 고유기술이나 관리기술 그리고 이를 뒷받침하고 있는 프로세스나 시스템과 이를 운영하는 조직구성원의 역량 등이 최고 수준에 있다고 생각되므로 예방비용에 해당되는 활동도 생산성을 높이거나 효율을 높여서 그 비용을 줄이고, 평가비용의 경우도 품질이 안정되어 있으므로 무검사가 활성화되어 검사나 시험비용이 많이 줄어들기 때문이다. 따라서 품질수준이 높으면 높을수록 품질코스트는 더욱 더 줄어든다.

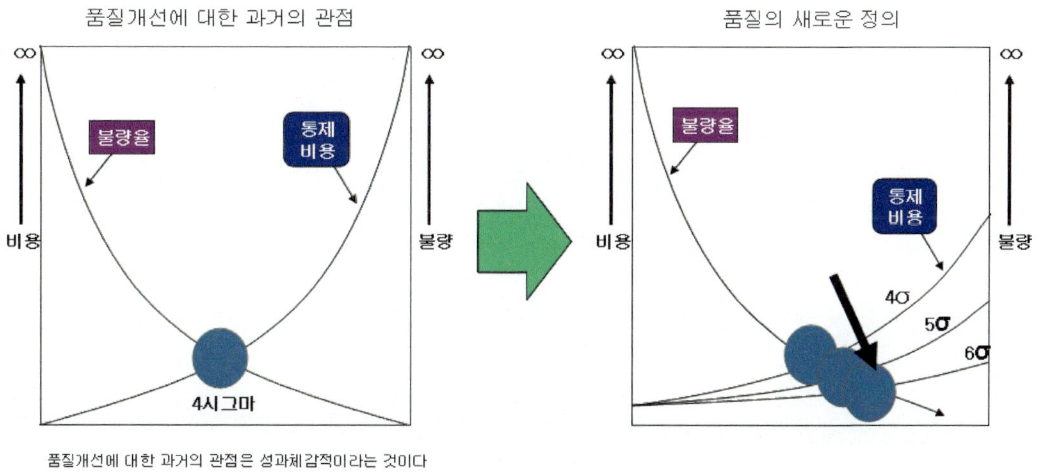

[그림 2-8] 마이클해리의 품질수준과 품질코스트의 관계

Chapter 3

품질코스트 항목 도출

1. 품질코스트의 항목 도출 방법
2. 품질코스트 도출항목의 적합성 검토 방법

Q-COST

&

COPQ

1 품질코스트의 항목도출 방법

품질코스트 항목을 도출하기 위한 방법은 [표 3-1]과 같으며 여기서는 모두 7가지의 방법을 제시하고 있는데 이 외에도 기업에 따라서 또 다른 방법이 있을 수 있으므로 보완하며 활용해야 한다.

일반적인 기업의 경우 7가지의 방법 중에서 1번에서 5번까지의 방법에서 활용하는 자료들은 대부분 보유하고 있으므로 품질코스트 항목을 도출하기 위해 바로 사용이 가능하지만 6번부터 7번까지의 방법에 활용되는 자료는 보유하고 있는 기업이 많지 않으므로 별도로 본서를 참고하여 자료를 확보한 후 품질코스트 항목을 도출하는데 활용하여야 한다.

그리고 1번부터 6번까지를 수행 후에 품질코스트 적용 범주가 정확하게 선정이 되었는지 또는 업무 기능별로 품질코스트 항목을 비교하기 위해서 활용이 가능한 방법이 7번의 방법이다. 아울러, 7가지의 방법을 동시에 다 활용하여 품질코스트 항목을 도출할 필요는 없으므로 기업의 실정에 맞게 이 중에서 몇 가지를 선택하여 활용하여도 되나 누락 없이 거의 모든 품질코스트 항목을 도출하고 싶다면 7가지 방법 모두를 활용하는 것이 효과적이다.

[표 3-1] 품질코스트 항목도출 방법

방법	목적	비용화 과정
1. 업무 표준	COQ 발생과 관련한 프로세스의 확인과 실제로 비용을 발생시킨 원인부서의 명확화	각종 LOSS의 도출에 의한 비용 산정과 원인부서에 할당
2. 5M	COQ 발생과 관련한 5M 측면의 파악	각종 LOSS 도출을 5M에 의하여 비용 산정
3. 각종 기록 문서 및 자료	COQ 항목으로 선정할 수 있는지 없는지 의검증 자료로 활용	정량적인 근거자료에 의한 실적은 COQ 항목에 그대로 반영 정성적인 실적은 비용으로 산정
4. 예산(회계) 자료	부서별 업무수행을 위해 사용되는 비용을 계정 별로 배분해 놓은 자료로서 COQ와 관계가 있는 계정과목을 발굴 또는 집계한 COQ의 검증	계정과목의 실제적인 집행 용도를 세부적으로 분석하여 COQ에 해당되는 계정으로 전환
5. 사업계획 성과 지표 및 실적	간편하게 품질비용 관련한 일부 항목 및 금액까지도 파악	정량적인 근거자료에 의한 실적은 품질비용 항목에 그대로 반영 정성적인 실적은 비용화하여 산출
6. SIPOC	현재의 업무절차를 세부적으로 분석하여 내재되어 있는 문제점을 찾아내거나 프로세스의 성과를 좀 더 향상시킬 수 있는 방법을 찾는 것	세부적인 프로세스의 분석을 통한 잠재되어 있는 문제점이나 Loss를 찾아내고 비용으로 산정

7.Detailed Description of Quality Cost Elements (ASQ 제시)	부서의 기능별로 해당 되는 공통적인 항목을 도출하고자 할 때와 부서별로 도출된 항목의 적합성을 검토할 때의 두 가지 측면으로 활용	기능별로 제시한 내용 중에서 기업에서 동일한 기능의 업무가 발생되고 이로 인해 발생되는 품질비용항목을 찾아서 산출

1.1 부서 업무 표준에 의한 COQ 항목의 도출

[그림 3-1]의 사례는 최근에 기업에서 가장 중요하게 생각하는 제조물안전이나 품질의 문제로 인한 제품(제조물)회수 즉, 리콜(Recall)에 대한 업무절차(프로세스)를 작성한 업무체계도로서 각각의 주요 업무 흐름을 보면 먼저 품질보증팀에서 입수한 결함정보를 PL위원회에 보고를 하면 리콜 결정 → 리콜 방법 결정 → 실시 일정 수립 → 리콜실시까지가 중요 절차로 되어 있으며 소요된 비용은 영업부문에서 리콜실시 후 결과를 평가하는 단계인 실시현황집계단계에서 인건비, 부품비용 및 출장비 등을 산출하여 집계하는 것으로 절차가 되어 있음을 알 수 있고 비용 중에 누락된 것이 있다면, 물론 기업에 따라 상이하지만, [표 3-2]와 같이 직접적인 리콜을 위한 광고비와 리콜 이후에 재발방지 및 실추된 기업이미지를 회복하기 위한 광고도 발생이 가능하므로 이러한 경우의 광고비용은 정상적인 판매촉진을 위한 광고 활동이 아니므로 실패비용에 해당되는 항목으로 반영하여야 한다는 것이다.

이와 같이 발생이 예상되는 비용의 요소를 나열하고 각각의 비용이 어느 부서에서 발생되었는지를 알 수 있도록 [표 3-2]와 같이 매트릭스도표를 사용하여 연관성을 파악하여 두고 향후에 비용집계 시나 원인부서에 대한 품질코스트의 분배 시에도 편리하게 활용할 수 있다고 생각한다.

다행히 사례에서 본 리콜업무절차에서는 소요 비용을 집계하는 단계가 반영되어 있어서 쉽게 품질코스트의 실패비용에 해당되는 항목으로 찾을 수 있고 체계도의 왼쪽 아래 부분에서 나타내고 있는 관리항목에도 "리콜실시제반비용"이 관리항목으로 선정이 되어 관리가 되고 있으므로 비용 또한 쉽게 찾아낼 수가 있지만, 모든 업무의 절차가 이처럼 업무로 인해 발생되는 제반 비용에 대한 언급이 명확하게 되어 있지 않으므로 실제 여러분이 표준류를 통해 품질코스트의 항목을 도출하기란 그다지 쉽지 않은 것이 현실이다.

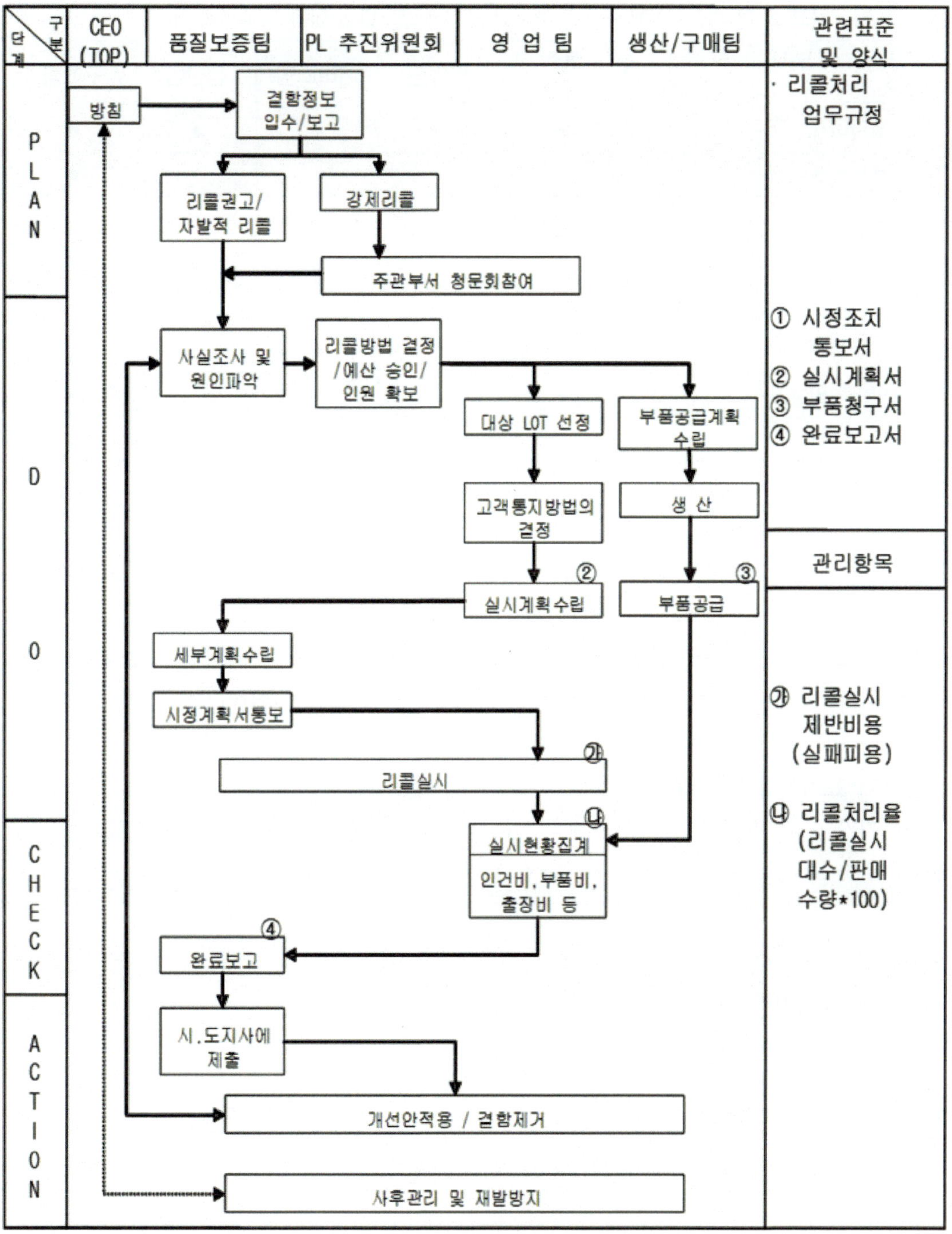

[그림 3-1] 리콜 업무체계도

[표 3-2] 리콜처리에 소요된 부서별 품질코스트 발생 항목 비교 매트릭스표

항목 \ 부서	PL 위원회	품질 보증팀	영업팀	서비스팀	생산팀	구매팀
회의비용	●	●	●	●	●	●
부품비용						●
교환수리비용				●		
출장비		●		●	●	
광고비						
고객보상비용				●		
재발방지비용		●				●
:			●			
:	●				●	

또한, 사례에서는 리콜실시제반비용이 실패비용으로 명기되어 품질 코스트의 한 항목임을 분명히 나타내고 있다. 이는 이러한 업무의 발생과 이를 해결하는데 소요되는 모든 비용이 손실(LOSS)이므로 차기에는 이러한 일이 재발되지 않아야 한다는 의미도 내포하고 있다고 볼 수 있다. 또한, 품질 코스트와 관련한 모든 항목을 도출한 기업이라면 사례에서 보듯이 해당되는 업무 체계도상의 관리 항목에 대해 각각 예방 비용, 평가 비용 및 실패 비용으로 구분하여 표시한다면, 업무상 그 업무 체계도를 활용하는 직원은 누구라도 품질 코스트를 식별하기가 아주 편리하고 또한 비용의 최소화를 위한 업무의 계획과 실시에 많은 도움이 될 것이다.

1.2 5M에 의한 도출 방법

5M에 의한 COQ 항목 도출은 [표 3-3]에서와 같이 5M 측면에서 각 요소별로 발생할 수 있는 COQ를 산출할 수 있다.

[표 3-3] 5M에 의한 COQ 도출

구분		COQ 항목
Man	사내	① 과잉, 부족 인원으로 인한 야기 손실 ② 보유 인원의 대기 로스 ③ 재가공, 폐기, 작업교체 등으로 인한 추가 공수 ④ 재해로 인한 손실
	사외	① Claim, A/S 인력 지원 손실 ② 기타
Machine	사 · 내외	① 설비고장으로 인한 수리, 대기 Loss (관리 소홀) ② 작업대기로 인한 유휴시간 Loss ③ 교체부품 과잉재고로 인한 손실 ④ 기타
Material	사내	① 품질 저하로 인한 제반 비용 ② 납기 지연으로 인한 손실 ③ 과잉 보관으로 인한 비용 ④ 불용품 폐기, 매각손실 ⑤ 기타
	사외	① 하자보수, A/S 등으로 인한 자재투입 ② 기타
Method	사내	① 작업 또는 설계 미스로 인한 비용(재료, 인건비) ② 기능 저하 등으로 인한 손실 ③ 관리 소홀 등으로 인한 제반 추가비용(사무관리부문) ④ 출고 지연 등으로 인한 손실(간접) ⑤ 기타
	사외	① 고객의 시방 불명확 등으로 인한 재작업, 재가공(간접) ② 고객 측의 지연 등으로 인한 대기 작업 및 작업 지연(간접) ③ 기타
Money	사 · 내외	① 받아야 할 대금의 지연 ② 계획에 없는 대금의 지불 ③ 공사지연으로 인한 지체상금 ④ 기타

1.3 각종 기록문서 및 자료에 의한 품질코스트 항목의 도출

[표 3-4]에서와 같이 주요성과 지표에 대한 주요 기록표를 비교하였는데, 예를 들면 서비스부서의 무상수리비용인 경우는 수리이력서나 부품청구서와 같은 기록표를 모두 집계하면 무상서비스에 소요되는 비용을 품질코스트의 실패비용으로 집계할 수 있으며 특히, 다른 항목과는

달리 서비스비는 대부분의 회사의 경리계정으로서 관리되고 있으므로 별도로 기록표를 모아서 집계하지 않아도 되는 경우가 많다.

[표 3-4] 주요성과 지표별 기록표

부서명	주요성과지표	주요 기록표
서비스	무상수리비용	수리이력서, 부품청구서
설계	시방변경건	시방변경서, 부품청구서
규격인증	규격인증비	비용처리전표
인사	교육훈련비	비용처리전표
구매	수입검사불합격율	검사성적서
자재관리	폐기비용	비용처리전표
부품가공	재가공비	가공일지
자주검사	검사비용	검사성적서
설비관리	수리비용	수리일지, 부품청구서
공정설계	시방변경건	시방변경서, 부품청구서
품질경영	규격 인증취득 및 관리비용 등	인증신청서, 비용처리전표 등
품질관리	재발방지건수, 협력업체품질개선건	회의록, 품의서, 보고서 등

설계부서의 경우 시방변경 건에 대한 비용의 집계는 시방변경서에 적용 제품, 적용 일자 및 변경항목과 그에 따른 자재 처리 방법 등을 기록하므로 이를 분석하여 비용화 할 수 있는 항목을 비용으로 집계하여야 하며, 금형 변경이나 신작이 필요하여 발생되는 비용은 수선비의 계정에 전부 포함되어 있으므로 분류하기가 힘든 경우도 있다. 이외의 부서에서 관리하는 기록표를 통한 품질코스트의 도출 방법은 여러분이 본 내용을 참고하기 바란다.

1.4 예산(회계) 자료에 의한 품질코스트 항목의 도출

대부분 기업의 경우 매년 사업을 수행하기 위한 예산계획을 수립하는데 이때 제일 먼저 수립되는 단계가 각 팀(부서)단위이며, 팀의 업무 기능에 따라서 계획에 반영되는 예산계정 또한 대부분 정해져 있다고 볼 수 있으며 [표 3-5]의 사례에서와 같이 팀에 해당되는 예산계정 및 예산 금액별로 집행 용도를 세부적으로 분석하여 보면 품질코스트와 관련한 항목을 찾아낼 수가 있는데, 예를 들면 도서인쇄비의 교육용교재 제작비는 예방비용으로, 수선비의 경우 고장으로 인한 비용은 실패비용으로, A/S 및 Happy Call 상담을 위한 협력사 도급비는 실패비용으로 산입하여 예산 금액에 대한 실제 집행금액을 품질코스트화 할 수 있다.

[표 3-5] 예산계정별 집행용도 분석표

팀명	계정과목	예산금액	집행용도	비고
000팀	도서인쇄비	000천원	인쇄비 교육교재 제작비 양식 제작비	
	장비임차비	000천원	지게차 사용료 물품 운송비	
	수선비	000천원	공구 수선비 장비 수선비 시설 수선비 기타	
	긴급출동 보전비	000천원	업무시간 외 장애 발생 시 출동비	특근 또는 공휴일
	데이터 복구비	000천원	데이터 복구비 백신프로그램 구입비	해킹 및 바이러스 대응
	가설비	000천원	신규 설치 소요 장비비	
	설치 도급비	000천원	신규가입자 장비 설치 협력사 도급비	외주협력업체에 해당 업무를 위탁하여 운영하는 경우
	상담 도급비	000천원	설치 상담 협력사 도급비 A/S상담 협력사 도급비 Happy Call 상담 협력사 도급비	
	A/S 도급비	000천원	A/S 협력사 도급비	
	기타	000천원	-	-

1.5 사업계획 성과지표 및 실적에 의한 품질코스트 항목의 도출

[표 3-6]에서 보는 바와 같이 대부분의 기업은 매년 사업계획에 의해 성과지표에 대한 목표를 수립(Plan)하고, 실행(Do), 점검(Check) 및 조치(Action)를 취하는 사이클(PDCA 사이클)을 두어 관리하고 있는데 여기에는 여러분이 잘 알고 계시고 또 많은 기업에서 적용하고 있는 방침관리시스템상에서의 관리항목이나 또는 최근에 새롭게 도입하여 적용하고 있는 BSC (Balanced Score Card)상에서의 KPI(Key Performance Indicators : 주요성과지표)항목이 해당된 다고 할 수 있다.

참고로 [표 3-6]은 성과지표를 통해 품질코스트 항목도출의 방법을 쉽게 설명하기 위해 구성한 사례임을 밝히며 이들로부터 품질코스트항목을 도출하는 방법에 대해 설명하도록 한다.

[표 3-6] 부서별 주요성과지표 비교

구분 부문	주요기능부서	주 요 성 과 지 표
영업부문	마케팅	광고비, 판촉비, 판매광고비 등
	판매	매출액, 매출이익, 채권회수율, 시장점유율 등
	서비스	유상수리비용, 무상수리비용, 재수리율 등
개발부문	설계	신제품매출기여도, 시방변경건, 개발달성율 등
	규격인증	규격획득건, 규격인증비 등
관리부문	총무	후생복리비, 회사버스/중장비운용비용 등
	인사	교육훈련비, 성과포상금 등
	노무	산재율, 산재보상금 등
구매/자재부문	구매	수입검사불합격율, 구매단가인하 등
	자재관리	물류관리비, 불용자재폐기비용 등
	협력업체관리	기술지도비, 인증지원비, 자금지원비 등
생산부문	부품가공	재가공비, 수리비, 합격률, 생산성 등
	완성품조립	재가공비, 수리비, 합격률, 생산성 등
	자주검사	검사비용, 재검사비용 등
	설비관리	고장수리비용, 불용 Spare Parts폐기비 등
생산기술부문	시작품제작	제작비용, 재작일정 준수도 등
	공정설계	시방변경건, ST절감 등
품질부문	품질경영	규격 인증취득 및 관리비용 등
	품질보증	신뢰도향상, 내구시험시간단축 등
	품질관리	합격률, 품질개선건수, 재발방지건수, 협력업체품질개선건 등

1) 품질 예방비용 측면

① 관리 부문에서는 인사부서의 기능 중의 일부인 교육훈련관리(OJT 포함)에 따른 교육훈련비용과 제안/분임조 등의 개선 성과에 따라 지급된 포상금이나 장려금 등은 품질 예방비용으로 집계할 수 있는 항목이다.

② 구매/자재부문의 구매부서에서는 협력업체 지원비용을 품질예방비용으로 집계할 수 있는 항목이다.

③ 품질부문의 품질경영부서의 경우는 각종 시스템인증 취득이나 유지에 소요되는 비용 및 품질향상을 위한 컨설팅비용 등을 품질예방비용으로 집계할 수 있다.

2) 품질 평가비용 측면

① 품질부문의 품질보증이나 품질관리부서가 대표적인 것으로서 내구성(또는 신뢰성) 시험이나 입고검사, 중간 검사 및 최종검사(별도로 출하 검사가 있는 경우에는 포함시킴) 등을 들 수 있으며, 각종 검사 및 시험용의 계측기에 대한 검, 교정 비용 등을 품질평가 비용으로 집계할 수 있다.

② 생산부서에서 만약, 품질관리부서에서 수행하는 공정(중간)검사를 위탁받아서 수행하는 경우에는 품질관리부서 대신으로 생산부서에서 자주검사에 의한 평가비용으로 집계할 수 있다.

3) 품질 실패비용 측면

① 영업부문의 경우엔 마케팅, 판매 및 서비스부서로 나눌 수 있는데 각각 부서에서의 성과를 관리하는 지표는 당연히 상이하며, 마케팅 부문에서의 품질비용에 해당되는 항목이 없다고 볼 수 있으나 경우에 따라서는 항목을 도출할 수 있는데, 예를 들면 회사에서 생산, 판매한 제품에 하자가 발생하여 Recall(제품회수)을 하였다고 가정하고, 이 회사에서는 Recall 이후에 회사의 신뢰도의 회복을 위해 사과성의 광고를 하였을 경우, 여기에 사용된 비용은 실패비용이라고 할 수 있다. 물론, 비용 중 100%는 아니라고도 할 수 있으며(이러한 기업의 솔직한 반성과 더욱 분발하겠다는 각오에 감동되어 고객의 Loyalty가 향상되는 경우도 있을 수 있으므로), 앞에서 언급한 것처럼 이러한 광고비의 발생에 대한 원인제공 부서는 마케팅팀이 아닌, 앞 공정의 단계에 있는 부서 중의 하나 또는 일부 부서에서 발생시킨 문제로 인한 것임은 당연하다고 하겠다.

② 영업부서의 경우 부실채권에 대한 채권 회수율도 마찬가지로 회수가 되지 않는 경우, 일부만 회수되는 경우 그리고 약속한 기한이 훨씬 지난 이후에 회수가 되는 경우 등, 크게 3가지 형태로 분류할 수 있는데, 첫 번째의 경우는 판매 대금의 전부가 손실로 되며, 두 번째의 경우는 미회수된 잔금 그리고 마지막의 경우에는 미회수 기간 동안의 기회비용이나 기업이 부담하는 금융비용이 품질실패비용으로 집계가 될 수 있다.

③ 개발 부문의 설계부서에서는 개발품의 양산 이후에 설계의 실수로 인해 발생되는 처리비용인 금형 수리비용, 기존 자재 재고의 폐기처리 비용, 재작업 비용, 재검사 비용, 판매 제품 회수 비용 등에서 각각의 회사에 해당되는 항목을 품질 실패비용으로 집계할 수 있다.

④ 관리부문의 노무부서에서는 산업재해에 따른 보험료율의 상승분과 이를 처리하기 위해 소요되는 비용을 품질 실패비용으로 집계할 수 있다.

⑤ 구매/자재부문의 구매부서에서는 구매품에 대한 수입(입고)검사 결과 불합격인 경우에 해당되는 것으로서 불합격품에 대해서는 협력(납품)업체에서 반품이나 교환을 해주겠지만, 구매부서에서 재구매를 위한 추가적인 업무처리에 소요되는 비용, 재 입고 시까지 발생되는

무 작업손실 중에서 각각의 회사에 해당되는 항목을 품질코스트로 집계할 수 있다.

⑥ 자재부서에서는 과잉재고나 시방변경에 의해 불용이 되어 폐기를 하게 되는 경우로서 구입 당시의 구매단가 및 보관에 따라 발생이 된 물류비용과 함께 폐기에 따른 폐기비용 중에서 각각의 회사에 해당되는 항목을 품질코스트로 집계할 수 있다.

⑦ 생산부문의 완제품 조립부서에서는 수리비에 대해서 품질코스트로 도출할 수 있는데, 여기서 수리비란 조립 후 검사 또는 중간 공정 중에서 검사 결과 부적합품이 발생되어 이의 수리로 인해 발생되는 비용으로서 수리 인원의 인건비, 수리부품비용, 수리 후 재검사비용 등이 품질실패 비용으로 집계할 수 있다.

⑧ 설비관리 부문에서는 관리부실이나 작업자의 조작실수에 의한 고장을 수리하는데 소요되는 비용이 해당되며, 수리 인원의 인건비, 수리 부품비용, 생산중단에 따른 무작업(비가동) 손실 중에서 각각의 회사에 해당되는 항목을 품질비용으로 집계할 수 있으며, 이와 함께 정상조업이 되었더라면 생산, 판매에 따른 매출이익이 창출되었겠지만, 무작업으로 인해 이익을 회수할 수 없기 때문에 발생되는 기회손실 비용까지도 각각의 회사에서 정한 범위에 따라 품질코스트로 집계할 수 있다.

⑨ 공정설계부서에서는 시작품 제작 시에 공정설계를 하여 양산 전 생산단계에서 이를 확인하여 완벽한 공정설계가 이루어지도록 하여야 하나 실제로는 양산시에 발생 가능한 문제점에 대한 검토의 부족으로 공정의 Lay-Out 전체를 바꾸거나 또는 일부를 수정해야 하는 경우가 생기며, 이런 경우에는 라인의 재설계 비용, 라인의 이동, 교체 및 재설치 비용 그리고 이 기간 중에 무작업에 의한 각종 손실비용(상기의 설비관리부서의 항목 참고)이 발생되므로 이들 중에서 각각의 회사에 해당되는 항목을 품질 실패비용으로 집계할 수 있다.

⑩ 품질부문의 품질관리부서의 경우는 품질문제 개선에 따른 재발방지 활동에 있어서 발생되는 비용 항목인 품질문제에 대한 현상파악, 원인분석, 개선안 수립, 실시, 효과파악 및 표준개정 등의 재발방지 활동에 대해 각각의 단계에 참여한 인원의 인건비, 대책 실시에 따른 시험비용 등을 실패비용으로 집계할 수 있다

1.6 SIPOC에 의한 품질코스트 항목의 도출

SIPOC는 고객의 요구를 파악하여 제품이나 서비스에 관련되는 모든 업무의 처리를 수행하는 공급자와의 흐름을 도식화한 기법이다.

다음은 생산 프로세스의 생산관리와 공정관리 부문의 SIPOC 분석기법을 활용한 COQ 도출 방법을 예시하였다.

사례를 참고로 목표 대비 실적을 분석하여 프로세스의 생산성이나 리드타임의 저하에 따른 손실이나 그 밖의 기회손실에 대하여 분석 및 활용도 가능하다.

[표 3-7] SIPOC 기본 개념

Supplier	Input	Process	Output	Customer
영업	판매계획	생산관리	생산계획서	현장 공정
생산관리	작업지시서	공정관리	작업일지	현장 공정
생산/공무	설비관리 계획서	설비관리	설비관리 대장	현장 공정
생산	공정검사 표준	공정품질관리	검사성적서	생산

[표 3-8] SUB-PROCESS Chart

Main Process	Sub Process	주관부서	Process 책임자	제정일	00.00	Page	
생산	생산관리	생산	생산팀장	개정일		Rev No.	

선 행		Process	후 행		담당/수행빈도	모니터링/측정항목	COQ 항목
Supplier	Input		Output	Customer			
영 업	판매계획	생산계획수립 (년간/월간)	생산계획서	경영층 관련팀	생산담당 1회/월	생산계획 변경	계획변경로스
생 관	생산 계획서	생산계획에 따른 작업지시	작업 지시서	현 장	4회/공정 별/월	적시성	작업지시 변경손실
구 매	원, 부자재 투입량	원부자재 수급 계획	일일생산 보고서	관련팀	1회/일	적정재고	과다재고로스 자재결품로스 자재운반로스
생산 현장	교육 요청서	교육훈련 실시	교육훈련 보고서	QC팀 총무팀	년간 교육 계획	교육이수	품질교육 인원/시간
생산 현장	현장Data	생산분석 평가 및 차기 계획 수립	생산분석 보고서	전 부서	1회/월	분석시기	목표대비 실적미달
생산 현장	작업일지	작업자의 근태 관리	교대일지	생산담당	1회/교대	근태현황	인당생산량 감소
구매	수지	원재료 입고	원재료 거래명세서		-	납기	납기지연
원재료 입고	거래 명세서	수입검사	검사성적서	필터 제조작업	검사원 1회/Lot	수량, 양품	부적합
구매 수입 검사	제작 작업 지시	제조작업	작업 일지	공정 검사	생산담당, 1회/Lot	Fiber 조절	설비 로스 수지 로스 고장 로스 준비 로스 중단 로스
필터제조 작업공정	성능시험 의뢰서	공정 검사	검사 성적서	생산 건조작업	검사원 1회/Lot	중량 여과효율 통 수량 내압성 기계적 강도	등급 저하 폐기 검사비용 재검사

제조작업 공정검사	성형품	건조 작업	성형품	절단작업	매 작업시	습도 온도	재 건조 고장 로스 대기 로스 설비비가동
건조공정	건조품	절단 작업	절단 작업일지	포장	매 로트	길이	부적합 (폐기로스) 고장로스 준비로스 중단로스 자투리로스
절단공정	규격별 제품	포장 작업	포장 작업일지	최종검사	매 로트	외관 외경	재포장 부적합품 포장로스 준비로스
생산	작업일지	최종검사	검사성적서	제품창고	매 로트	수량 적재단수	부적합품 검사비용

1.7 Detailed Description of Quality Cost Elements에 의한 품질코스트항목의 도출(가이드라인)

ASQ에서 제시한 "Detailed Description of Quality Cost Elements" (이하 "가이드라인"이라고 명함)에 의한 방법으로서 이는 앞에서 활용한 방법으로 도출한 품질코스트 항목이 기업에 적합하게 도출되었는지를 확인하거나 아니면 앞의 7가지의 방법을 무시하고 본 가이드 라인만을 이용하여 품질코스트 항목을 도출하고자 할 때 사용 가능한 방법이다.

본 가이드 라인의 구성내용은 [표 3-14]와 같다.

이상과 같은 7가지의 방법을 통해 도출할 수 있는 품질코스트 항목 즉, 예방비용, 평가비용 및 실패비용에 해당하는 항목을 정리해 보면 [표 3-9], [표 3-10], [표 3-11] 및 [표 3-12]와 같이 정리할 수 있다.

물론 이외에도 품질코스트의 적용 범위(Scope)에 따라서 추가로 반영되어야 할 항목과 삭제되어야 할 항목이 기업에 따라 차이가 있음은 앞에서 이미 언급한 사항이다. 그리고 각각의 도표에서 볼 수 있는 비용 항목에 나와 있는 항목의 명칭 또한 기업의 업종에 따라 다르게 표현하여도 무방하며, 현재 제시한 항목을 대분류로 보고 그 아래 중분류 및 소분류까지 세분화하여 항목을 구분하여야지 실제로 비용이 발생하는 부문이나 업무 또는 기능을 인식하기가 훨씬 더 쉬워지며, 집계하기도 쉬워진다.

참고적으로 품질코스트의 항목을 좀 더 세분화하여 관리하고자 할 때는 [표 3-13]과 같이 항목별로 계층을 구분해보면, 중분류는 대분류에 해당되는 비용을 보다 더 세분화할 수 있고, 소분류는 중분류에 해당되는 비용을 보다 더 세분화할 수 있어 비용의 집계 시에는 해당 부서별로 항목을 정확하게 분배시켜 줄 수 있다. 또 한편으로는 비용의 감소를 위한 개선목표를 수립할 때에도 부서별로 목표 부여가 용이하다.

따라서, 이러한 계층의 구분은 품질코스트관리의 주관부서와 해당부서와의 검토에 의해 도출할 수 있으며, 필요시에는 소분류보다도 더 아래 계층(여기서는 "세분류"라고 함)까지인 세분류까지도 분류하여 활용할 수 있다.

[표 3-9] 부서별 발생 예방비용 항목 및 비용구성요소

구분	부서	비용 항목	비용 설명 및 구성 요소
예방비용	인사	① 교육훈련비	• 업무 및 품질의 향상과 의식제고를 위해 실시된 사내, 외 교육훈련에 소요되는 비용 및 기타비용
	품질	② 품질업무 추진비	• 품질관련 업무를 추진하는데 소요된 비용으로서 인건비 및 모든 부서운영비(품질보증, 품질경영 등)
		③ 품질관련 시스템 구축, 유지비	• 예방적인 차원에서의 구축, 운영중인 품질경영시스템, 환경경영시스템, 보건안전경영시스템 및 ISO/TS16949(또는 QS-9001)시스템 등과 같은 시스템의 구축, 인정 및 유지에 소요되는 비용으로 컨설팅비, 인증심사비, 담당자 인건비 및 운영경비 등
		④ 품질기술비	• 품질향상과 관련하여 발생되는 제반 기술도입 및 조사, 연구활동에 소요된 비용
		⑤ 제안운영비	• 제안채택시상금 및 지원비, 담당자 인건비 및 기타 비용
		⑥ 분임활동 운영비	• 분임활동의 시상금, 활동 지원비, 담당자 인건비 및 기타 비용
	생산	⑦ Fool-Proof 설비 투입비	• 생산 중에 작업자의 실수가 발생하지 않도록 예방하는 목적으로 설치된 설비 또는 지그 등의 투입비용
	구매	⑧ 외주업체 관리비	• 외주업체 관리부서 인원에 대한 인건비, 지원금액 및 기타 비용
	R&D	⑨ 품평회비	• 설계결과에 대한 시작품등을 관련부문이 모여서 목표달성 여부를 검토하는 비용
		⑩ 설계검토비	• 설계 이후에 발생 가능한 고장이나 품질문제점 등을 사전에 발견하여 조치를 취하기 위한 FMEA나 FTA검토비

[표 3-10] 부서별 발생 평가비용 항목 및 비용구성요소

구분	부서	비용 항목	비용 설명 및 구성 요소
평가비용	품질	① 원자재수입(입고)검사비	• 원자재 및 구입품의 입고검사에 소요된 검사 인원의 작업(시간)에 대한 인건비, 기타비용
		② 공정(중간) 검사비	• 제조라인의 조립공정검사 및 부품 가공검사에 소요된 공정검사인원의 작업(시간)에 대한 인건비, 기타비용
		③ 완성품(최종) 검사비	• 제품이 완성되었을 때인 완제품에 대해 검사 인원의 작업(시간)에 대한 인건비, 기타비용
		④ 출하검사비	• 완제품, 반제품의 출하검사에 소요된 검사인원의 작업(시간)에 대한 인건비, 기타비용
		⑤ 신뢰성검사비	• 각 제품의 신뢰성(정밀측정 등) 검사에 소요된 신뢰성 검사인원의 작업시간에 대한 인건비, 기타비용
		⑥ 계측기 검, 교정 비	• 계측기(검사 및 시험기기)의 정기검사와 교정에 소요된 검, 교정비용, 담당자의 인건비 및 기타 비용
		⑦ 계측기구입비	• 검사 및 시험을 위한 계측기의 구입비 및 기타 비용
		⑧ Buyer요구제품 인증 시험비	Buyer의 요구사항애에 적합한지로 평가하기 위한 시험비

[표 3-11] 부서별 발생 사외실패비용 항목 및 비용구성요소

구분		부서	비용 항목	비용 설명 및 구성 요소
실패비용	사외실패비용	영업	① 부실채권 손실비	• 영업에서 회수해야 할 매출채권 중 회수불가한 부실채권 금액
			② 사용자 제조공정 손실비	• 부품업의 경우, 자사 불량품으로 인한 사용자 제조공정 무작업 손실시간에 대한 지급 비용
		서비스	③ A/S 무상 수리비	• 고객에게서 발생, 발견된 불량품을 무상으로 수리하는데 소요된 부품비, 인건비 및 기타비용
			④ A/S 반품비	• 고객에게서 발생, 발견된 수리불가 불량품을 교체해 준 반품 수량에 대한 비용
			⑤ 클레임 처리비	• 고객으로부터 자사 품질문제로 인해 생긴 손해를 보상해 준 비용
			⑥ 리콜처리비	• 제품의 하자나 결함에 의해서 수리나 반품을 위해 회수하는데 드는 비용

[표 3-12] 부서별 발생 사내실패비용 항목 및 비용구성요소

구분		부서	비용 항목	비용 설명 및 구성 요소
실패비용	사내실패비용	생산	① 불량품 폐기비	• 사내 작업불량으로 인해 불량품에 대한 제조원가와 불량품을 폐기하기 위한 폐기비 및 기타비용
			② 불량품 수리비	• 불량품을 수리 또는 수정하는데 소요된 부품비, 인건비 및 기타비용
			③ 불량품 재작업비	• 검사 불합격품의 재작업에 대한 부품비, 인건비 및 기타비용
			④ 자재불량 손실비	• 불량자재로 인해 생긴 작업자의 무작업 시간에 대한 인건비 및 기타비용
			⑤ 자재품절 손실비	• 자재품절(결품)로 인해 생긴 작업자의 무작업 시간에 대한 인건비 및 기타비용
			⑥ 품질문제 손실비	• 생산 중에 품질확보 불가 또는 판정기준의 불명확 등에 의한 작업자의 무작업 시간에 대한 인건비 및 기타비용
		공무	⑦ 기계고장 손실비	• 기계고장에 의해 생긴 작업자의 무작업 시간에 대한 인건비 및 기타비용
			⑧ 고장 수리비	• 설비작동 실수나 예방관리 실수에 의한 고장설비의 수리에 드는 부품비, 인건비
		품질	⑨ 품질문제 대책비	• 품질문제 발생에 대한 대책 및 조처내용에 드는 인건비 및 기타비용
			⑩ 재검사비	• 불량품의 수리 및 재작업 후에 검사를 실시하는데 소요되는 인건비 및 기타비용
		설계	⑫ 설계변경 손실비	• 최초의 설계 잘못으로 재설계 할 경우에 발생되는 인건비, 경비, 기존재고 폐기비용 등
		자재	⑬ 불용자재 폐기비	• 장기재고로 인한 관리실수로 불용이 되거나 시방변경에 의해 불용이 되는 자재비 및 폐기에 드는 폐기비
		노무	⑭ 산재보험 요율증가비	• 안전관리 소홀로 재해율이 높아져서 기업이 부담하는 산재보험료의 증가비

그리고 품질코스트의 항목도출은 품질코스트관리시스템을 처음으로 도입하는 기업에서는 많은 항목을 도출하기가 실제로 어려우므로 상기의 [표 3-9], [표 3-10], [표 3-11] 및 [표 3-12]에서 제시한 항목을 참조로 하고 어느 정도 시스템이 정착이 되고난 후에는 [표 3-13]과 같이 세분화하여 누락된 항목이나 비용 산출 시에 반영되지 않은 원가요소를 도출하여 반영하면 신뢰성 있는 비용을 집계할 수 있다. 아울러, 이렇게 정리된 항목 중에는 실제로는 비용이 거의 발생되지 않거나 또는 기본자료(Raw Data : 가공하지 않은 원래 자료)가 관리되고 있지 않아서 나중에 집계 시에는 삭제되거나 보류되는 경우도 있다는 것을 알아둘 필요가 있다.

[표 3-13] 항목별 계층(Hierarchy) 구분

구분	대분류	중분류	소분류	세분류
항목명	예방비용	품질관련 시스템구축, 유지비	시스템구축 컨설팅비	-
			시스템구축 인증비	인증심사비
				사후심사비
			주관부서 비	-
				-
	평가비용	공정(중간) 검사비	생산 자주검사비	-
			QC 순회검사비	-
	실패비용	설계변경 손실비	재설계비	-
			금형수리비	-
			기존재고폐기비	-
			생산제품재작업비	재작업 부품비
				재작업 조립비
			재작업품재검사비	

2 품질코스트 도출항목의 적합성 검토 방법

품질코스트의 항목을 도출하고 나면 가장 궁금하고 의문스러운 것이 바로 품질코스트항목을 누락없이 정확하게 되었는지 확인하는 것이다. 이러한 원인은 품질코스트에 대한 이해가 부족하거나 적용 범위를 명확하게 하지 않고 항목을 도출하는 경우엔 특히 더 그러하겠지만 이보다도 더 문제는 업종마다 발생되는 항목의 명칭이 상이하여 자기 회사의 업종에 맞는 항목을 비교하기 위해 명확하게 제시된 기준이 없기 때문이다. 이러한 문제점을 완벽하게 해결할 수는 없겠지만 어느 기업에서나 잠재되어 있는 도출대상의 품질코스트 중의 많은 부분을 찾아낼 수 있도록 가이드라인을 제시한 것이 있는데, 그것은 바로 [표 3-14]와 같이 ASQ(American Society for Quality: 미국품질협회, 1999)의 Detailed Description of Quality Cost Elements(품질코스트항목의 자세한 설명: 이하 가이드라인이라고 함)로서 이는 품질코스트 적용 대상 업무기능(또는 활동분야)을 제시한 것이다. 그러나 여기에서는 여러 종류의 기업업종에 각각 적합한 품질코스트항목명칭을 제시하지는 않고 있으므로 기업 스스로 해당되는 업무기능(또는 활동분야)에 대해 적절한 항목명칭을 부여하여 적용하면 된다.

이렇게 제시되지 않고 있는 이유는 기업마다 사용하는 용어가 모두 다 똑 같지 않기 때문인

데, 이는 ISO-9001과 마찬가지의 이유라고 볼 수 있다. 즉, ISO-9001에서 요구하는 사항은 모든 조직 예를 들면 제조업, 서비스업, 학교, 병원, 관공서 및 지역자치단체 등에서 동일한 요구사항에 대해서 자기의 조직에 맞게 시스템을 구축하여 운영하는 것과 같은 원리이다.

따라서, ASQ에서 제시한 가이드라인을 참조하여 자기 회사에서 이와 비슷하거나 똑 같은 업무기능이 있다면 이미 도출한 품질코스트의 항목이 이 업무기능과 일치하는 지를 비교하여 품질코스트의 어느 항목이 누락이 되었거나 미비한 지를 어느 정도 비교해 볼 수 있다고 생각이 되므로 품질코스트항목 도출의 적합성을 검토할 수 있는 방법 중의 하나로서 활용할 수 있다.

참고로 최근의 국내 연구보고서(산업자원부의 경영품질혁신 기반구축사업 내 품질실태보고서, 2003)에서 볼 때

첫째, 마케팅 또는 설계와 관련된 품질코스트를 측정하는 기업이 거의 없다

둘째, 예방비용을 소홀히 하고 주로 실패비용의 측정에만 주력하고 있다

셋째, 품질 인증 획득원가에 대한 규정이 거의 없다

넷째, 대부분의 기업들이 기회손실비용을 전혀 측정하지 않는다

다섯째, 외부 실패비용 중에서도 이미지 상실 등 측정하기 어려운 비용들에 대해서는 대부분의 기업들이 품질코스트에 거의 포함시키지 않고 있다라고 한 것과 같이 우리나라의 기업에서는 측정항목이 많이 누락되고 있음을 알 수 있으므로 [표 3-14]의 ASQ에서 제시한 가이드라인의 활용이 이런 문제점을 해결하는데 많은 도움이 될 수 있다.

[표 3-14] ASQ의 Detailed Description of Quality Cost Elements

품질비용 분류			일련 번호
대분류	중분류	소/세분류	
1. 예방비용	1.1 마케팅/ 고객/ 사용자	1.1.1 시장조사	1
		1.1.2 사용자 품질의 탐색 추구	2
		1.1.3 영업과 관련된 계약 및 서류 심사	3
	1.2 제품/서비스의 설계 및 개발	1.2.1 설계품질 진도 및 평가	4
		1.2.2 품질 설계의 지원 활동	5
		1.2.3 제품설계의 인정시험	6
		1.2.4 서비스 설계의 검토 및 평가	7
		1.2.5 현지 적용시험	8
	1.3 구매	1.3.1 공급자(납품업자) 심사	9
		1.3.2 공급자의 평가	10
		1.3.3 구매 주문의 기술적 검토	11
		1.3.4 공급자의 품질계획 평가	12
	1.4 생산 운영/영업 (제조/서비스)	1.4.1 생산공정(운영과정)의 검토 및 확인	13
		1.4.2 운영(제도) 품질 계획	14

		1.4.2.1 품질측정 및 관리장비 설계/개발	14-1
		1.4.3 운영지원 활동의 품질계획	15
		1.4.4 운영요원의 품질교육 및 훈련	16
		1.4.5 운영요원 SPC/공정관리 교육 훈련	17
	1.5 품질관리/경영	1.5.1 품질경영부서의 인건비	18
		1.5.2 품질경영부서의 운영경비	19
		1.5.3 품질프로그램의 계획	20
		1.5.4 품질에 관한 보고	21
		1.5.5 구성원의 품질 교육 훈련	22
		1.5.6 품질개선 활동	23
		1.5.7 품질감사	24
	1.6 기타 예방비용	상기 평가비용 항목 이외의 평가비용	25
2. 평가비용	2.1 구매(수입) 활동과 관련	구입/수입 검사 및 시험	26
		수입검사 및 시험용 측정기기	27
		공급자 제품의 인정검사	28
		공급처 현지 검사 및 감독	29
	2.2 운영 (제조활동/서비스)	2.2.1제품(서비스)의 검사, 시험, 평가	30
		2.2.1.1 품질체크 인건비	30-1
		2.2.1.2 제품/서비스 품질 감정	30-2
		2.2.1.3 검사/시험용 재료비	30-3
		2.2.2 검사 및 시험 준비비용	31
		2.2.3 특수 제조 시험	32
		2.2.4 공정관리 상태의 측정	33
		2.2.5 실험실 지원활동	34
		2.2.6 측정시험 및 검사장비	35
		2.2.6.1 감가상각 충당금	35-1
		2.2.6.2 측정장비 운영경비	35-2
		2.2.6.3 보전 및 검교정 인건비	35-3
		2.2.2 외부의 보증 및 인증비용	36
	2.3 외부평가	2.3.1 현지 성능평가	37
		2.3.2 제품품질에 대한 특수평가	38
		2.3.3 보전 및 검교정인건비	39
	2.4 시험 및 검사데이터		40
	2.5 기타 평가비용		41
	3.1 제품/서비스 설계의 실패비용	3.1.1 설계변경 및 수정, 조치	42
		3.1.2 설계변경으로 인한 재작업	43
		3.1.3 설계변경으로 인한 스크랩	44

3. 내부실패비용		3.1.4 설계부실로 추가된 생산 지원 활동	45
	3.2 구매관련 실패비용	3.2.1 구매자재 불합격 처리비용	46
		3.2.2 구매자재 대체비용	47
		3.2.3 공급처에 대한 수정, 조치	48
		3.2.4 불량 수입품의 재작업	49
		3.2.5 관리 불충분에 의한 자재 손실	50
	3.3 운영관련 (제품/서비스) 실패비용	3.3.1 자재의 특채 및 수정조치 비용	51
		3.3.1.1 불량제품/서비스 처리 원가	51-1
		3.3.1.2 장애 조정/수리/고장분석 원가	51-2
		3.3.1.3 조사 활동 지원 원가	51-3
		3.3.1.4 운영 관련 수정 조처	51-4
		3.3.2 운영관련 재작업 및 수리비용	52
		3.3.2.1 재작업	52-1
		3.3.2.2 수리작업	52-2
		3.3.3 재검사 및 재시험 비용	53
		3.3.4 요건 충족을 위한 과외 운영 활동	54
		3.3.5 스크랩비용(운영)	55
		3.3.6 제품/서비스의 등급저하 손실	56
		3.3.7 내부 실패 노동손실	57
	3.4 기타 내부실패비용		58
4. 외부실패비용	4.1 고객 불만 조사, 응대 및 처리비용	고객의 불만조사(응대 및 처리비용	59
	4.2 반품으로 인한 손실 비용	반품으로 인한 손실 비용	60
	4.3 개장(장비 개조) 비용	개장(장비 개조) 비용	61
		4.3.1 회수(리콜) 비용	61-1
	4.4 배상/보증 비용	배상/보증 비용	62
	4.5 제조물/서비스 책임	제조물/서비스 책임	63
	4.6 벌과금	벌과금	64
	4.7 영업권 손실	영업권 손실	65
	4.8 판매 기회 비용손실	판매 기회 비용손실	66
	4.9 기타 외부실패비용	기타 외부실패비용	67

Chapter 4

품질코스트 항목분류 및 항목별 산출 방법

1. 품질코스트 분류
2. 품질코스트 분류별 세부 항목별 산출방법
3. COPQ 항목 산출 및 산출기준

Q-COST
&
COPQ

1 품질코스트 분류

1.1 품질코스트 분류 및 내용

구분		내용
품질코스트 (Q-COST)		품질 문제와 관련하여 발생 되는 모든 비용. 즉, 품질의 부적합(요구와의 불일치)으로 인하여, 소요되는 모든 비용으로 불량품의 생산비용, 불량발견 및 개선 대책비, 품질 생성비로 양품의 생산비용을 제외한 모든 비용
예방비용 (P-COST)		품질의 계획이나 제반의 기술배양, 품질교육 등 품질문제 발생을 사전에 예방하기 위한 노력에 소요되는 비용
평가비용 (A-COST)		적정 품질수준을 유지하기 위하여 자재, 외주 가공품 및 제품의 품질평가나 불량의 발견을 위한 검사 작업에 대한 비용
실패비용 (F-COST)		원자재나 제조공정 또는 제품의 규격 등 소정의 품질수준을 유지하는데 실패하여 불량품이 되거나 수리 또는 재가공품으로 처리할 때 생기는 손실 비용을 말하며, 사내 실패비용과 사외 실패비용으로 구분
	사내(IF)	CUSTOMER(사용자)측에 제품을 출하하기 전 사내에서 발생, 발견된 품질 문제(불량)로 인하여 발생된 손실비용
	사외(EF)	COSTOMER(사용자)측에 제품이 출하(판매)된 이후 사외에서 발생, 발견된 품질 문제(불량)로 인하여 발생한 손실 비용

1.2 품질코스트 분류별 세부 항목 및 내용

1) 예방코스트(P-COST) 세부 항목 및 내용

세부 항목	내용
업무계획 추진비용	업무를 계획 추진하는데 소요된 비용(예 회의비, 교육훈련비, 행사비, 도서 인쇄비)
품질관리 교육비용	품질 향상 및 의식 제고를 위해 실시된 사내, 외 품질관리 교육비용 및 소요경비
품질관리 사무비용	품질관리부서 사무 인원에 대한 인건비/ 사무용품비
품질 기술 비용	품질 향상과 관련하여 발생 되는 제반 기술도입/ 조사연구/ 설비 구입에 소요된 비용
제안 및 개선 활동 시상금	개선 제안의 평가 및 채택 제안에 대한 채택시상금과 분임활동의 테마 평가 시상금
외주업체 관리비용	외주업체 관리부서 인원에 대한 인건비 및 사무용품비

2) 평가코스트(A-COST) 세부 항목 및 내용

세부 항목	내용
공정 검사 비용	제조라인의 조립 공정 검사 및 부품 가공 검사에 소요된 공정 검사인원의 작업시간에 대한 인건비, 경비
출하 검사 비용	완제품, 반제품의 출하 검사에 소요된 출하 검사 인원의 작업시간에 대한 인건비, 경비
원자재 수입 검사 비용	원자재 및 구입품의 수입검사에 소요된 검사 인원의 작업시간에 대한 인건비, 경비
외주품 수입 검사 비용	외주조립품 및 외주가공품의 수입검사에 소요된 작업시간에 대한 인건비, 경비
신뢰성 검사 비용	각 제품의 신뢰성(정밀 측정 등) 검사에 소요된 신뢰성 검사인원의 작업시간에 대한 인건비, 경비
계측기 검, 교정 비용	계측기(검사 및 시험기기)의 정기검사와 교정에 소요된 검, 교정 인원의 작업시간에 대한 인건비, 경비

3) 실패 코스트 세부 항목 및 내용

사내 실패 코스트(IF-COST)

세부 항목	내용
폐기품 손실자재비	사내 작업불량 폐기나 기타 유실자재(SCRAP, SAMPLE, 망실 등)으로 인해 손실된 자재 비용
폐기품 손실노무비	폐기자재와 관련하여 발생되는 손실노무비 및 손실제조경비
폐기품 손실 제조경비	
제조 공정 내 수리 비용	불량품을 수리 또는 손질하는데 소요된 작업시간에 대한 인건비, 경비
불량재 작업 비용	출하 검사 불합격 LOT품의 선별검사 및 선별된 불량품의 재작업 시간에 대한 인건비, 경비
자재 불량 유실 비용	불량자재로 인해 생긴 작업자의 작업유실시간에 대한 인건비, 경비
자재 품절 유실 비용	자재품절로 인해 생긴 작업자의 작업유실시간에 대한 인건비, 경비
공정불균형 유실 비용	기종변경이나 단종 및 기타의 사유로 인해 생긴 작업자의 작업유실시간에 대한 인건비, 경비
기계 고장 유실 비용	기계고장에 의해 생긴 작업자의 작업유실시간에 대한 인건비, 경비
품질 문제 대책 비용	품질문제 발생에 대한 대책 및 조처내용
설계 변경 유실 비용	최초의 설계 잘못으로 재설계 할 경우에 발생되는 인건비, 경비
재가공 작업 비용	사내 가공품(타부서공급용)의 가공불량(규격, 칫수불량)으로 인해 가공부서에서 재가공하는데 소요된 인건비, 경비

사외 실패 코스트(EF-COST)

세부 항목	내용
A/S 수리 비용	CUSTOMER에게서 발생, 발견된 불량품을 수리하는데 소요된 수리시간에 대한 인건비, 경비
A/S 환품 비용	CUSTOMER에게서 발생, 발견된 수리불가 불량품을 교체해 준 환품 수량에 대한 비용(판매금액 및 소요경비)
사용자 제조 공정 손실비용	자사 불량품으로 인한 사용자 제조공정 유실시간에 대한 지급 비용
클레임 비용	CUSTOMER에게 자사 품질문제로 인해 생긴 손해를 보상해 준 비용

1.3 직접 품질코스트 항목

1) 예방코스트

회사 내의 개발, 생산, 판매, 계획, 품질보증 및 인사 등을 포함하는 모든 업무, 활동, 기능에 의하여 유발되는 과오를 예방하기 위하여 지출되는 모든 비용.

항목	세부사항
품질 시스템	• 계획, 도입 검토, 개발 및 적용
품질개선 활동	• 품질에 대한 인식 • 품질개선에 대한 동기부여 • 품질개선 절차 수립 • 무결점 운동
품질 계획	• 품질계획의 수립 • 품질보고 체계의 수립 • 검사, 시험, 감사, 공정관리
훈련 및 교육	• 작업원의 자격 설정 • 응모자에 대한 면접 및 채용 • 작업원 검사원의 자질 검증 • 교육훈련 및 교육지침서 작성 • 작업자의 업무에 대한 훈련 및 교육

2) 평가코스트

이미 생산된 제품과 회사의 모든 업무가 설정된 기준과 절차에 부합하는지를 평가하고 감사하는 모든 비용.

항목	세부사항
품질 계획	• 제품의 품질 시험 • 반제품의 품질 평가 • 제품의 품질 감사 • 품질 시스템 감사
교육 및 훈련	• 특수시험을 위한 교육 및 훈련 • 품질보증 인원의 교육 및 훈련 • 검사 및 시험 인원의 교육 및 훈련
검사 및 시험	• 시험 및 검사재료 구매 (예: X선 필름 등) • 원자재 구입검사 • 시험설비의 기록 • 시험자료 수집 • 시험 및 검사자료 검토 • 시험보고서 작성 및 검토 • 현장에서 시험 및 검사 • 시스템에 대한 시험 • 수명시험

3) 사내 실패코스트(IF-COST)

사내 실패코스트는 제품이 고객에게 전달되기 전에 과오가 발견되어 이를 처리하기 위하여 사내에서 발생되는 비용

항목	세부사항
규격	• 제품 및 공정의 재설계 • 공정의 변경 • 공학적 기술의 변경 • 변경으로 인한 도구 및 시험설비의 대체 • 변경으로 인한 컴퓨터 프로그램 폐기처분
분석	• 폐기물 분석 • 재작업 분석 • 원자재에 대한 분석 • 설비의 고장에 대한 분석 • 불량품에 대한 재검사 • 재검사 및 재시험 • 재작업에 대한 평가 • 작업에 대한 분류 • 공학적 문제에 대한 해결 • 시스템의 고장 원인 추적 • 프로그램의 과오를 발견하기 위한 시간 및 노력 • 컴퓨터의 재사용 비용 • 재검토 없는 설계 • 잘못 분류된 정보 • 시간의 부정확한 측정 및 기록 • 문제점이 없는데도 불구하고 생산의 중단
업무절차	• 특수시험을 위한 교육 및 훈련 • 품질보증 인원의 교육 및 훈련

4) 사외 실패코스트(EF-COST)

사외 실패비용은 불량 제품(서비스 포함)이 고객에게 전달됨으로써 회사에 발생되는 모든 비용

항목	세부사항
규격	• 재설계 • 규격변경으로 인한 생산지연 • 변경에 따른 컴퓨터 프로그램의 수정
분석	• 불량품 원인 규명 • 문제점 해결을 위한 분석 • 공학적 기술상의 분석 • 반품에 대한 분석 • 보상에 대한 분석 • 재검사 및 재시험 • 문제점 규명을 위한 시간 및 출장비 • 고객조사 • 재평가를 위한 고객 조사 • 고객의 요구조건 변화의 탐지
업무절차	• 제품의 반품 • 공학적 기술변경으로 인한 폐기 및 재작업 • 반품되는 제품의 회수 • 반품 처리

1.4 간접 품질코스트 항목

1) 고객 부담 비용

저품질로 인하여 고객이 부담하게 되는 비용으로 고객의 기대를 만족시키지 못함으로써 발생되는 비용

- 불량품을 반환하기 위한 교통비 및 시간의 낭비
- 보증기간이 끝난 후의 수리비
- 고장으로 인한 생산성 저하

2) 고객 불만 비용

저품질로 인한 고객의 불만족 발생으로 수입의 감소를 가져오는 사항

- 판매 감소

3) 신용 하락 비용

회사의 신용 하락으로 인한 모든 제품 및 서비스에 영향을 미치는 사항

1.5 사무 부문 품질코스트 항목

항목	관리비용(예방 및 평가)	실패비용(내부, 외부)
관리자의 품질코스트	• 출근부 점검 • 자본을 구성하는 장부에 대한 점검 • 재무제표 점검	• 청구서 작성상의 과오 • 부정확한 회계처리 • 급여상의 과오
소프트웨어 품질코스트	• 프로그램의 정확성 입증 • 소프트웨어 프로그램의 규격 점검 • 수행도 시험	• 소프트웨어 시스템의 고장 • 두 번 이상의 컴퓨터 처리 • 출력상의 과오
공장관리 품질코스트	• 안전 및 비밀보장 • 설비 점검 및 시험 • 기계의 유지 및 보수에 관한 교육	• 회사의 기밀 누설 • 설비의 재설계 • 적성이 맞지 않는 사무원의 배치 • 설비의 고장 • 유휴설비
구매관리 품질코스트	• 공급업자에 대한 재검토 • 정기적인 공급업자 조사 • 납품일의 지연 방지 비용 • 파업 예방 비용	• 파업으로 인한 지연 비용 • 과다한 재고 비용 • 지급 운송 비용
시장조사 품질코스트	• 판매물품의 점검 • 시장의 수요 예측 • 고객조사 • 판매원의 교육 및 훈련	• 과다한 재고 • 시장 점유율의 감소 • 부정확한 주문 처리
인사관리 품질코스트	• 응시자의 일차 선별 • 평가에 대한 재검토 • 면담 • 보증인 추적	• 결근율 • 이직율 • 이직에 대한 충원 • 불평
산업공학 품질코스트	• 포장의 적합성 검토 • 설비 배치의 재검토 • 노동부 및 관계기관에의 보고서 작성 • 노사협약의 점검	• 노동부 및 관계기관으로부터의 벌금, 규제 • 설비 배치의 변경 • 결과 또는 성적이 나쁜 작업에의 수당 지급 • 부적절한 설비 배치로 인한 운반, 취급 비용의 증가
정보시스템 품질코스트	• 비용 대 효과 분석 • 입력자료의 정확성 입증 • 컴퓨터의 보조 예비 기억 장치	• 컴퓨터의 재사용 비용 • 시간 외 수당 • 프로그램의 변경 • 잘못된 정보에 의한 조치 • 이중 컴퓨터 시스템

2 품질코스트 분류별 세부 항목별 산출방법

2.1 예방비용

1) 업무계획 추진비용

구분	산출식	이용회계자료
교육훈련비, 행사비, 도서인쇄비	각 부서의 예산 대장 및 관리과 경비 실적 대장에서 산출	- 예산대장 - 경비실적대장 - 생산성분석표
부 단위 발생 비용제품별 배분	산출 비목의 부서 단위 발생비용 (기술, 연구, 검사팀) × 관련 작업공수 (부, 공장 배분비)	

2) 품질관리 사무비용

구분	산출식	이용회계자료
사무 인건비	급별인원수×월 인건비(급료, 상여금, 복리후생비)	- 인건비 배부표 - 경비 실적대장 - 생산성 분석표
사무용품비	경비실적대장(또는 예산대장)에서 산출	
제품별 배분 사무인건비, 용품비	QC 사무인건비, 용품비×관련제품별작업 공수 배분비(공장 또는 공통배분비)	
QC 사무비용	제품별 QC사무인건비 + 제품별사무용품비	

3) 품질기술 비용

구분	산출식	이용회계자료
지급 수수료	경비실적대장(관리과)에서 산출함	- 경비 실적대장 - 생산성 분석표
조사 연구비		
제품별 배분 지급 수수료 조사 연구비	부서 단위 지급수수료, 조사연구비×관련 제품별 작업공수 배분비(부, 공장, 공통배분비)	
품질기술비용	제품별 지급수수료 + 제품별 조사 연구비	

4) 제안 및 개선 활동 시상금

구분	산출식	이용회계자료
제안 시상금	평가시상금 + 채택시상금	- 시상내역서 - 생산성 분석표
분임조 활동 시상금	테마 완료상금 + 회합비	
제품별 배분 QM 비용	부서단위 제안 시상금, 분임활동 시상금 × 관련 제품별 작업공수배분비(과부 배분비)	
QM 비용	제안 시상금 + 분임활동 시상금	

2.2 평가비용

1) 재료, 공정, 제품 및 신뢰성 품질 평가비용

구분	산출식	이용회계자료
정상작업시간	검사인원수 × 정상작업일수 × 일일정상작업시간 × 60분	- 출근부 - 제품임율표 - 시간 단위(분)
잔업시간	검사잔업인원수 × 잔업일수 × 일일잔업시간 × 60분	
특근시간	검사특근인원수 × 특근일수 × 일일특근시간 × 60분	
작업시간 계	정상작업시간 + 잔업시간 + 특근시간	
검사 비용	검사작업시간계 × 제품임율	
제품임율	직접부문의 노무비계 × 제조변동비계	

2) 계측기 검·교정비용

구분	산출식	이용회계자료
정상 잔업시간	검교정인원수 × 정상작업일수 × 일일정상작업시간 × 60분	- 출근부 - 생산성 분석표 - 제품임율표 - 시간 단위(분)
잔업시간	검교정잔업인원수 × 잔업일수 × 일일잔업시간 × 60분	
특근시간	검교정특근인원수 × 특근일수 × 일일특근시간 × 60분	
작업시간 계	정상작업시간 + 잔업시간 + 특근시간	
제품별 배분 작업시간	작업시간계 × 관련제품별작업공수배분비	
제품별 검·교정 비용	제품별 배분 작업시간 × 제품임율	
제품임율	직접부문의 노무비계 + 제조변동비계	

2.3 사내 실패비용

1) 폐기품 자재 손실금액

구분	산출식	이용회계자료
폐기자재 손실금액	폐기자재 반납수량×자재 단가 - 폐기자재 수량은 발생 유형별로 집계, 관리한다. (원자재불량, 작업불량, 불용품SCRAP 및 부산물, 샘플용, PP용)	- 폐기자재 반납전표 - 자재단가표

2) 폐기품 손실 노무비 및 제조경비(방법1)

구분	산출식	이용회계자료
손실노무비	제품노무비 × (100% - 제품수율)	- 원자재 제조수율표 - 제품 손익 분석표
손실제조경비	제품제조경비 × (100% - 제품수율)	

3) 폐기품 손실 노무비 및 제조경비(방법2)

구분	산출식	이용회계자료
공정별 제품노무비	(공정별 표준시간/총표준시간) × 제품노무비	- 제품 손익 분석표 - 공정별 표준시간(ST)
공정별 제품제조경비	(공정별 표준시간/총표준시간) × 제품제조경비	
자재개당 노무비	공정별 제품노무비 / 공정별 자재투입량	
자재개당 제조경비	공저별제품제조경비 / 공정별 자재투입량	
손실 노무비	자재 개당 노무비 × 자재손실량	
손실 제조 경비	자재 개당 노무비 × 자재손실량	

4) 제조 공정 수리비용

구분	산출식	이용 회계자료
정상작업시간	수리작업인원수 × 정상작업일수 × 일일정상작업시간 × 60분	- 출근부 - 제품임율표 - 시간단위(분)
잔업시간	수리작업잔업인원수 × 잔업일수 × 일일잔업시간 × 60분	
특근시간	수리작업특근인원수 × 특근일수 × 일일특근시간 × 60분	
작업 시간계	정상작업시간 + 잔업시간 + 특근시간	
수리비용	수리작업시간계 × 제품임율	
제품임율	직접부문의 노무비계 + 제조변동비계	

5) 작업 공수 유실비용

구분		산출식	이용회계자료
불량 재작업	불량 재작업 시간	불량재작업인원수×(인별) 재작업시간	- 생산성 분석표 (유실공수내역) - 제품임율표 - 시간 단위(분)
	불량 재작업 비용	불량재작업시간×제품임율	
자재불량 유실	자재불량 유실시간	자재불량작업유휴인원수×(인별) 유실시간	
	자재불량 유실비용	자재불량유실시간×제품임율	
자재품절 유실	자재품절 유실시간	자재품절유휴인원수×(인별) 유실시간	
	자재품절 유실비용	자재품절유실시간×제품임율	
공정불균형 유실	공정불균형 유실시간	공정불균형 작업유휴인원수×(인별) 유실시간	
	공정불균형 유실비용	공정불균형 유실시간×제품임율	
기계고장 유실	기계고장 유실시간	기계고장 작업 유휴인원수×(인별) 유실시간	
	기계고장 유실비용	기계고장 유실시간×제품임율	

6) 설계 변경 유실비용

구분	산출식	이용회계자료
설계변경 유실시간	최초의 설계 잘못으로 재설계하는데 소요된 시간	· 설계변경 총지서 · 부서별인건비(노무비) 배부표
설계변경 유실비용	설계변경유실시간(분)×설계자분당 인건비	
분당 인건비	급료+상여금+복리후생비에 대한 급별분당 인건비	

2.4 사외 실패비용

구분	산출식	이용회계자료
A/S 수리비용	A/S 수리 인원수×(인당) A/S 수리시간×제품임율 → A/S 수리 인원의 상주시에는 A/S 수리 인원의 작업 시간 (정상, 잔업, 특근시간)에 대한 비용산출	- A/S보상철 - 클레임 접수대장 - 제품임율표 - 자재단가표
A/S 환품비용	A/S 환품 수량×환품단가	
사용자 제조공정 손실비용	당사 품질 문제로 인해 발생된 사용자 제조 공정 손실에 대한 보상비용	
클레임 비용	클레임 접수 대장을 근거로 당사가 CUSTOMER측에 지급한 보상비용(지불 시점을 기준으로 집계한다.)	

3 COPQ 항목 산출 및 산출기준

COPQ 항목 및 산출기준을 개발 · 영업 · 생산부서 등 관련부서의 실시 사례를 예시하였다. COPQ 항목의 분류 및 구분, 정의 및 측정 방법, 산출기준, 산출부서를 선정한다.

3.1 COPQ 항목 산출기준 및 부서

COPQ 구분 (A, IF, EF, Loss)

COPQ 항목			구분	정의/측정방법	산출기준	산출부서
대분류	중분류	소분류				
설계 개발 손실	신제품 개발 손실	개발 지연	IF	개발일정지연으로 발생되는 손실	인원 × 시간 × 임율 + 금리손실(투자비용에 대한 금리)	개발
		개발 취소	IF	신제품의 개발 중 계획 취소로 인한 손실	설비투자비 + 인건비 + 경비	개발
		설계 도면 변경	IF	설계 잘못으로 인하여 제품 설계 변경에 소요되는 손실	변경시간 × 임율	개발
	Pilot 설비 제작 손실	설비 제작 지연	IF	Pilot 설비제작지연으로 인하여 발생되는 손실	인원 × 시간 × 임율 + 금리손실	개발
		설비 제작 수정	IF	Pilot 설비제작 수정으로 인하여 발생되는 손실	수정시간 × 임율	개발
설계 개발 손실	시작품 손실	부적합품	IF	부적합품 발생으로 인한 손실	자재비 + 인건비 + 경비	개발
		부적합 재평가	IF	부적합품에 대하여 재평가하는데 소요되는 손실 비용	평가시간 × 임율	개발
		설계 변경	IF	시작품의 부적합으로 인하여 설계변경 손실	(변경시간 × 임율) + 불용자재	개발
		폐기	IF	시작품의 부적합으로 인하여 폐기되는 손실	폐기자재비 + 인건비 + 경비	개발

<table>
<tr><td rowspan="3"></td><td rowspan="3">시생산</td><td>재작업</td><td>IF</td><td>시생산품의 불량으로 인하여 재작업 손실</td><td>자재비 + 인건비 + 경비</td><td>생산</td></tr>
<tr><td>현장 개선</td><td>IF</td><td>개발된 제품의 현장개선 비용</td><td>(소비된 시간 × 임율 × 인원)</td><td>생산</td></tr>
<tr><td>재작업 평가</td><td>IF</td><td>부적합품에 대하여 재평가하는데 소요되는 손실 비용</td><td>평가시간 × 임율</td><td>생산</td></tr>
<tr><td rowspan="4">수금</td><td rowspan="4">매출 채권</td><td rowspan="2">장기 미회수 (악성 채권)</td><td rowspan="2">EF</td><td>1개월(30일) 초과 금액에 대한 이자 산출</td><td>(어음기일 - 30일) × 금액 × 금리</td><td rowspan="2">영업 /회계</td></tr>
<tr><td>판매대금 회수가 6개월 이상인 채권의 기준일 초과에 대한 금융비용</td><td>초과분에 대한 금융비용 + 악성 채권회수 방문 출장비</td></tr>
<tr><td>사고 채권</td><td>EF</td><td>사고발생으로 인하여 회수 불가능한 채권액과 방문 소요 인건비</td><td>- 회수 불능 채권 금액 + 출장비</td><td>영업 /회계</td></tr>
<tr><td>법적 조치 대상 채권 회수 지연</td><td>EF</td><td>집행 채권의 회수 지연 기간의 손실금리</td><td>- 채권금액 × 지연기간에 따른 금리</td><td>영업 /회계</td></tr>
<tr><td rowspan="3">고객 클레임</td><td rowspan="2">제품 클레임</td><td>제품 클레임</td><td>EF</td><td>품질변화로 인한 판매 불가시 보상처리 비용</td><td>보상비용(현품대체비용) + 출장비 + 인건비</td><td>영업</td></tr>
<tr><td>클레임 처리 비용</td><td>EF</td><td>접수된 클레임의 처리 시 발생되는 비용</td><td>인원 × 인건비 + 출장비</td><td>영업/ 품질/ 생산</td></tr>
<tr><td>반품</td><td>반품 및 폐기 비용</td><td>EF</td><td>반품하는 비용 및 외주업체 의뢰 폐기하는 소요비용</td><td>제품비(제조원가) +운반비 + 폐기비(외주처리)</td><td>영업</td></tr>
<tr><td rowspan="3">기회 손실</td><td rowspan="3">영업 손실</td><td>목표 미달에 의한 이익율 감소</td><td>L</td><td>판매 목표 미달 금액으로 인하여 이익이 감소된 손실</td><td>판매목표 미달금액 × 한계이익</td><td>영업</td></tr>
<tr><td rowspan="2">영업차량 사고에 의한 손실</td><td>IF</td><td rowspan="2">차량고장으로 인한 손실 비용 및 판매 손실 비용</td><td>차량수선비</td><td>영업</td></tr>
<tr><td>L</td><td>차량고장으로 인한 판매 손실비용</td><td>영업</td></tr>
</table>

기회 손실	영업 손실	출하 오류	L	출하오류에 따른 인건비 및 오출하 제품의 반품 및 재출하	오출하 인건비 + 오류 출하분의 반품 및 재 출하 비용 (운반비 + 인건비)	영업
	재고 손실	제품 장기 재고	L	6개월 이상 재고 발생시 손실비용	(재고금액 × 금리) + 창고 임대료	영업/자재
	업무 로스	납기 지연	L	공급납기 지연으로 발생된 손실금액	보상비	영업
		목표 미달에 의한 이익율 감소	L	판매 목표 미달금액 산출, 한계이익	판매목표 미달금액 × 한계이익	영업
		계약 오류	L	거래선과의 계약오류로 인하여 발생되는 손실비용	계약오류 건수 × 평균 손실비용	영업
		판매 계획 변경	L	판매계획변경으로 인한 생산손실 로스	생산 준비교체 시간 × 시간당 생산금액	생산
생산 손실	공정 손실	스크랩	L	스크랩으로 인한 원부자재 손실 비용	원부 자재비 + 폐기비 (외주 용역비)	생산
		Line 연결	L	Line 연결로 인한 원부자재 손실 비용	원부 자재비 + 폐기비 (외주 용역비)	생산
		금형 교체	IF	금형 교체로 인한 원부자재 손실 비용	원부 자재비 + 폐기비 (외주 용역비)	생산
	원재료 불량	원단 불량	IF	원단 불량으로 인한 공정 손실 비용	원부 자재비 + 폐기비 (외주 용역비)	생산
	작업자 불 량	불량 손실	IF	작업자로 인해 발생된 불량 손실	원부자재비 + 폐기비 (외주용역비)	생산
	정지 손실	고장	IF	설비고장으로 인한 손실 비용	고장시간 × 임율 + 감가상각비	생산
			L	설비고장으로 생산하지 못한 손실금액	고장시간 × 생산금액 / 시간당	생산

<table>
<tr><td rowspan="3">생산 손실</td><td rowspan="3">정지 손실</td><td>준비</td><td>L</td><td>설비 정지 후 재가동시 작업 준비로 인해 발생하는 손실(고장, 중단, 전환 등에 의한)</td><td>준비시간 × 임율 + 감가상각비 (코타기의 경우 원재료비 추가)</td><td>생산</td></tr>
<tr><td>중단</td><td>IF</td><td>생산 중단으로 인한 손실비용(정전, 작업실수 등)</td><td>중단시간 × 임율 + 감가상각비</td><td>생산</td></tr>
<tr><td>고객 Sample 생산</td><td>L</td><td>고객의 요구사항에 의한 Sample 생산을 위해 발생하는 비용</td><td>Sample 생산시간 × 임율 + 감가상각비</td><td>생산</td></tr>
<tr><td rowspan="2">출하 손실</td><td rowspan="2">보관 손실</td><td>재포장</td><td>IF</td><td>장기보관 시 제품 포장 손상으로 인한 손실비용</td><td>포장지 비 + 인건비 (시간×임율)</td><td>영업</td></tr>
<tr><td>제품 손상</td><td>IF</td><td>장기보관 및 취급 시 제품 손상으로 인한 손실비용</td><td>(제품 손실량 * 판매가) + 폐기비</td><td>영업</td></tr>
<tr><td rowspan="3">검사 불합격</td><td rowspan="3">제품 검사</td><td>제품 손실</td><td>IF</td><td>제품검사 불합격으로 인해 발생되는 제품폐기 손실비용</td><td>원부자재비 + 폐기비 (외주용역비)</td><td>영업</td></tr>
<tr><td rowspan="2">재검사</td><td>IF</td><td>제품검사 불합격으로 인해 발생되는 재검사 비용</td><td>경비 + 인건비</td><td>품질</td></tr>
<tr><td>IF</td><td>장기재고품에 대한 재검사비용</td><td>경비 + 인건비</td><td>품질</td></tr>
</table>

3.2 COPQ 항목별 분류 및 발생부서

COPQ 항목			부문 구분				
대분류	중분류	소분류	개발	구매	생산	품질	영업
평가 비용	검사비	수입검사비				○	
		공정검사비				○	
		제품검사비				○	
	시험비	재료시험비	○	○			
		제품시험비	○				
		고객요구시험비	○				
	검교정비	사내검교정비	○		○	○	
		사외검교정비	○		○	○	
		측정기수리비	○		○	○	
	인증비	KS인증비				○	
		시스템인증비				○	
	산업안전	위험기계기구 검사비			○		
사내 실패 비용	생산손실	공정손실			○		
		원재료불량		○			
		중단 로스			○		
		작업자불량			○		
		샘플생산	○				
	출하손실	보관손실					○
	검사 불합격	제품 손실비			○		
		재검사비			○	○	
	재작업	제품 손실비			○		
	설비고장 손실	고장수리 수선비			○		
		설비고장대기손실			○		
	설계손실	설계 변경비	○				
사외 실패 비용	고객 클레임	제품 클레임비				○	○
		클레임처리비				○	○
	반품손실	반품 및 폐기비용			○	○	○

기회 손실	영업 손실	목표 미달에 의한 이익률 감소					○
		영업차량 사고에 의한 제품 손실					○
		출하 오류					○
	재고 손실	제품장기재고					○
	업무 로스	납기지연					○
		목표 미달에 의한 이익률 감소					○
		계약오류					○
		판매계획변경					○

3.3 COPQ 항목별 산출방법

비용항목	산정항목	발생비용	산출방법	비용입력부서
불량평가 및 조치비용	불량 대책비용	인건비	회의소요시간 × 부서예정 배부율 × 참석인원수	회의참석 전부서
		경비	출장비 × 섭외비 × 기타경비	PM
	불량 평가비용	재료비	투입 재료 총 구매가	기술, 연구소
		인건비	총 투입공수 × 부서예정 배부율	기술, QA, 설계, 연구소
		경비	시험연구비 + 외주용역비 + 출장비 + 기타 경비	
	불량 조치비용	인건비	총 투입공수 × 부서 예정 배부율	설계, 기술
		경비	기술 자문료	설계
수정 및 재작업 비용	불량수정 및 재작업비용	재료비	투입 재료 총 구매가	기술
		인건비	총 투입공수 × 부서 예정 배부율	생산, 기술
		경비	외주비 + 기타 경비	생산, 기술
	재검사 비용	재료비	투입 재료 총 구매가	기술, 연구소
		인건비	총 투입공수 × 부서 예정 배부율	기술, QA, 설계, 연구소
		경비	외주검사비 + 공인검사비 + 법정검사비	

폐기 비용	폐자재 비용	재료비	투입 재료비 정산액	생산관리, PM
		인건비	투입 인건비 정산액	생산관리, PM
		경비	투입 경비 정산액	생산관리, PM
	폐기 처리 비용	재료비	투입 재료 총 구매가	기술
		인건비	총 투입공수 × 부서 예정 배부율	생산, 기술
		경비	외주비 + 운반비 + 기타경비	생산, 기술
설계변경 조치비용	재설계 비용	인건비	투입공수 × 부서예정 배부율	설계
		경비	외주설계비 + 기술자문료	설계
	설계비용 대책비용	인건비	회의 참석시간 × 부서예정 배부율 × 참석 인원수	회의참석 전부서
		경비	출장비 + 기타경비	PM
	수정 및 재작업 비용	재료비	투입 재료 총 구매가	기술
		인건비	총 투입공수 × 부서예정 배부율	생산, 기술
		경비	외주비 + 기타경비	생산, 기술
	재검사 비용	재료비	투입 재료 총 구매가	QA
		인건비	총 투입공수 × 부서예정 배부율	QA
		경비	외주검사비 + 공인검사비 + 법정검사비	QA
	폐자재 비용	재료비	투입 재료비 정산액	생산관리, PM
		인건비	투입 인건비 정산액	생산관리, PM
		경비	투입 경비 정산액	생산관리, PM
	폐기처리 비용	재료비	투입 재료 총 구매가	기술
		인건비	총 투입공수 × 부서 예정 배부율	생산, 기술
		경비	외주비+운반비+기타경비	생산, 기술
불량자재 조치비용	불량 대책비용	인건비	회의소요시간 × 부서예정 배부율 × 참석인원수	회의참석 전부서
		경비	출장비 + 섭외비 + 기타경비	PM
	불량 평가비용	재료비	투입 재료 총 구매가	기술(생산), 연구소
		인건비	총 투입공수 × 부서예정 배부율	기술, QA, 설계, 연구소
		경비	시험연구비 + 외주용역비 + 출장비 + 기타경비	기술, QA, 설계, 연구소

<table>
<tr><td rowspan="16">불량자재
조치비용</td><td rowspan="2">불량
조치비용</td><td>인건비</td><td>총 투입공수 × 부서예정 배부율</td><td>설계, 구매,
기술(생산)</td></tr>
<tr><td>경비</td><td>기술자문료</td><td>설계</td></tr>
<tr><td rowspan="3">불량수정
및
재작업 비용</td><td>재료비</td><td>투입 재료 총 구매가</td><td>기술(생산)</td></tr>
<tr><td>인건비</td><td>총 투입공수 × 부서예정 배부율</td><td>생산, 기술</td></tr>
<tr><td>경비</td><td>외주비 + 기타경비</td><td>생산, 기술,
구매</td></tr>
<tr><td rowspan="3">재검사
비용</td><td>재료비</td><td>투입 재료 총 구매가</td><td>QA</td></tr>
<tr><td>인건비</td><td>총 투입공수 × 부서예정 배부율</td><td>QA</td></tr>
<tr><td>경비</td><td>출장(외근)비 + 외주검사비 + 공인검사비
+ 법정검사비</td><td>QA</td></tr>
<tr><td rowspan="3">폐자재
비용</td><td>재료비</td><td>투입 재료 총 구매가</td><td>생산기술, PM</td></tr>
<tr><td>인건비</td><td>총 투입공수 × 부서예정 배부율</td><td>생산기술, PM</td></tr>
<tr><td>경비</td><td>투입경비 정산액</td><td>생산기술, PM</td></tr>
<tr><td rowspan="3">폐기처리
비용</td><td>재료비</td><td>투입 재료 총 구매가</td><td>기술</td></tr>
<tr><td>인건비</td><td>총 투입공수 × 부서예정 배부율</td><td>생산, 기술</td></tr>
<tr><td>경비</td><td>외주비 + 운반비 + 기타경비</td><td>생산,
생산기술</td></tr>
<tr><td>작업손실
비용</td><td>인건비</td><td>인당 손실공수 × 부서예정 배부율
× 유휴인원수</td><td>생산</td></tr>
<tr><td rowspan="2">Claim
대책 비용</td><td>인건비</td><td>회의소요시간 × 부서예정 배부율
× 참석인원수</td><td>회의참석
전부서</td></tr>
<tr><td rowspan="11">현장
수리
비용</td><td>경비</td><td>출장비 + 섭외비 + 기타경비</td><td>PM</td></tr>
<tr><td rowspan="3">Claim
평가 비용</td><td>재료비</td><td>투입 재료 총 구매가</td><td>기술, 연구소</td></tr>
<tr><td>인건비</td><td>총 투입공수 × 부서예정 배부율</td><td>기술, QA,
설계, 연구소</td></tr>
<tr><td>경비</td><td>시험연구비 + 외주용역비 + 출장비
+ 기타 경비 사용액</td><td>기술, QA,
설계, PM</td></tr>
<tr><td rowspan="2">Claim
조치 비용</td><td>인건비</td><td>총 투입공수 × 부서예정 배부율</td><td>설계, 기술,
PM</td></tr>
<tr><td>경비</td><td>기술자문료</td><td>설계</td></tr>
<tr><td rowspan="3">수정, 교체
및
개조 비용</td><td>재료비</td><td>투입 재료 총 구매가</td><td>PM</td></tr>
<tr><td>인건비</td><td>총 투입공수 × 부서예정 배부율</td><td>PM</td></tr>
<tr><td>경비</td><td>외주비 + 운반비 + 기타경비 + 출장비</td><td>PM</td></tr>
</table>

<table>
<tr><td rowspan="3">현장수리
비용</td><td rowspan="3">검사비용</td><td>재료비</td><td>투입 재료 총 구매가</td><td>PM</td></tr>
<tr><td>인건비</td><td>총 투입공수× 부서예정 배부율</td><td>PM</td></tr>
<tr><td>경비</td><td>외주검사비 + 공인검사비
+ 법정검사비 + 출장비</td><td>PM</td></tr>
<tr><td rowspan="15">하자보증
처리비용</td><td rowspan="2">Claim
대책 비용</td><td>인건비</td><td>회의 소요시간 × 부서예정 배부율
× 참석인원수</td><td>회의참석
전부서</td></tr>
<tr><td>경비</td><td>출장비 + 섭외비 + 기타경비</td><td>PM, 서비스</td></tr>
<tr><td rowspan="3">Claim
평가 비용</td><td>재료비</td><td>투입 재료 총 구매가</td><td>PM, 서비스</td></tr>
<tr><td>인건비</td><td>총 투입공수 × 부서예정 배부율</td><td>기술, 설계,
PM,
연구소, 서비스</td></tr>
<tr><td>경비</td><td>시험연구비+ 외주용역비 + 출장비
+기타 경비 사용액</td><td>기술, 설계,
PM, 서비스</td></tr>
<tr><td rowspan="2">Claim
조치 비용</td><td>인건비</td><td>총 투입공수 × 부서예정 배부율</td><td>설계, 기술,
PM, 서비스</td></tr>
<tr><td>경비</td><td>기술자문료</td><td>설계, PM,
서비스</td></tr>
<tr><td rowspan="3">수정,
교체 및
개조비용</td><td>재료비</td><td>투입 재료 총 구매가</td><td>PM, 서비스</td></tr>
<tr><td>인건비</td><td>총 투입공수× 부서예정 배부율</td><td>PM, 서비스</td></tr>
<tr><td>경비</td><td>외주비 + 출장비 + 운반비
+ 기타경비 사용액</td><td>PM, 서비스</td></tr>
<tr><td rowspan="3">검사비용</td><td>재료비</td><td>투입 재료 총 구매가</td><td>PM, 서비스</td></tr>
<tr><td>인건비</td><td>총 투입공수 × 부서예정 배부율</td><td>PM, 서비스</td></tr>
<tr><td>경비</td><td>외주검사비 + 공인검사비 + 법정검사비
+ 출장비</td><td>PM, 서비스</td></tr>
<tr><td rowspan="2">Claim
보상비용</td><td>인건비</td><td>총 투입공수 × 부서예정 배부율</td><td>PM, 서비스</td></tr>
<tr><td>경비</td><td>출장비 + 기타경비</td><td>PM, 서비스</td></tr>
<tr><td rowspan="3">지체상금</td><td rowspan="2">지체상금
처리비</td><td>인건비</td><td>총 투입공수 × 부서예정 배부율</td><td>PM, 서비스</td></tr>
<tr><td>경비</td><td>출장비 + 기타경비</td><td>PM, 서비스</td></tr>
<tr><td>지체
보상금</td><td>경비</td><td>보상비 총액</td><td>PM, 서비스</td></tr>
<tr><td>사고 및
재해발생
비용</td><td>진료 및
생계
보조 비용</td><td>경비</td><td>공상자진료비 + 생계보조금</td><td>총무, 인사,
노무, 환경안전</td></tr>
</table>

사고 및 재해발생 비용	사고 및 재해 복구비	재료비	사고 및 재해복구에 소요된 재료 총 구매가	총무, 환경안전, 시설운영
		인건비	사고 및 재해복구에 소요된 재료 총 구매가	총무, 환경안전, 시설운영
		경비	사고 및 재해복구에 소요된 각종 경비 총액	총무, 환경안전, 시설운영
	사고 및 재해 처리비	인건비	총 투입공수 × 부서예정 배부율	총무, 환경안전
		경비	출장비 + 제신고, 증명비 + 섭외비 + 기타경비	총무, 환경안전
	보상비	경비	민법상 제보상비	인사, 노무
	추가부담 보험료	경비	추가부담 자동차보험료 + 산재보험료	총무, 환경안전
기계고장 수리비용	수리비용	재료비	부품비 + 기타 재료 구매가	정비기술, 시설운영
		인건비	총 투입공수 × 부서예정 배부율	정비기술, 시설운영
		경비	기술자문료 + 출장비 + 기타경비	정비기술, 시설운영
	작업 손실 비용	인건비	인당손실공수 × 부서예정 배부율 × 유휴인원수	생산
출하오류 비용	재반입 비용	재료비	포장 재료 구매가	PM
		인건비	총 투입공수 × 부서예정 배부율	PM
		경비	운반비 + 출장비	PM
	재출하 비용	재료비	포장 재료 구매가	출하관리
		인건비	총 투입공수 × 부서예정 배부율	출하, QA
		경비	운반비 + 외주비	PM
악성 미수금	금융비용	경비	(기준초과 미 회수금액 - 회수 불가능) × 적용금리	PM, 영업
	회수비용	인건비	총 투입공수 × 부서예정 배부율	PM, 영업
		경비	출장(외근비) + 기타경비	PM, 영업
	회수 불가능 비용	인건비	기 투입공수 × 부서예정 배부율	PM, 영업
		경비	회수 불가능 금액 + 기 투입경비	PM, 영업

<table>
<tr><td>재고 및
재공 비용</td><td>재료
재공비용</td><td>경비</td><td>산정 재료 재공 금액 × 적용금리</td><td>정비기술</td></tr>
<tr><td>표준공수
초과비용</td><td>설계초과
공수
손실비용</td><td>인건비</td><td>표준초과공수 × 부서예정 배부율</td><td>설계</td></tr>
<tr><td rowspan="2">구매관리
손실비용</td><td>구매예산
초과비용</td><td>재료비</td><td>표준단가 이상 구매액</td><td>구매</td></tr>
<tr><td>자재품질
유실비용</td><td>인건비</td><td>자재품절공정 유휴공수 × 부서예정 배부율</td><td>생산</td></tr>
<tr><td rowspan="2">자재관리
손실비용</td><td>잉여재
발생
손실비용</td><td>재료비</td><td>장부가격 - 회수금액</td><td>자재</td></tr>
<tr><td>자재망실
비용</td><td>재료비</td><td>재고조사결과 부족 금액</td><td>자재</td></tr>
<tr><td rowspan="2">원단위
손실비용</td><td>에너지
손실비용
(전력,
경유)</td><td>경비</td><td>성 에너지 계획대비 미달성분 금액</td><td>시설</td></tr>
<tr><td>원부재료
손실금액</td><td>재료비</td><td>목표대비 미달성 금액</td><td>생산 기술</td></tr>
<tr><td rowspan="2">생산성
저하
손실
비용</td><td>설비비
가동
손실비용</td><td>경비</td><td>비가동시간 × Machine 시간당 배부율</td><td>생산</td></tr>
<tr><td>능률저하
손실비용</td><td>인건비</td><td>(실 투입공수-표준공수) × 부서예정 배부율</td><td>생산</td></tr>
<tr><td>매출채권
기일
초과비용</td><td>매출채권
기일
초과 비용</td><td>경비</td><td>(기준회전일 초과된 채권금액) × 적용금리</td><td>영업</td></tr>
<tr><td rowspan="4">수주
실패비용</td><td rowspan="2">견적
손실비용</td><td>인건비</td><td>기준수주 성공율보다 미달된 견적 투입 × 부서예정 배부비율</td><td>영업</td></tr>
<tr><td>경비</td><td>출장비 + 기타경비</td><td>영업</td></tr>
<tr><td rowspan="2">영업
손실비용</td><td>인건비</td><td>기준수주 성공률보다 미달된 영업 투입 공수 × 부서예정 배부율</td><td>영업</td></tr>
<tr><td>경비</td><td>출장비 + 기타 경비</td><td></td></tr>
<tr><td rowspan="2">공과금
손실비용</td><td>과징금</td><td>경비</td><td>발생된 과징금, 벌금, 과태료</td><td>총무</td></tr>
<tr><td>연체료</td><td>경비</td><td>발생된 연체료</td><td>총무, 시설</td></tr>
</table>

Chapter 5

품질코스트 집계 및 분석

1. 품질코스트 집계
2. 품질코스트 실적분석 및 평가

Q-COST

&

COPQ

1 품질코스트 집계

품질 코스트를 집계하려면 첫째, 품질코스트 집계대상(대상공장, 대상 품목, 대상 범위) 둘째, 품질코스트 비용항목 정의 및 품질코스트 비용항목 별 산출방식 결정(제4장 참조) 셋째, 품질코스트 기입 및 집계양식을 결정하여야 한다.

1.1 집계기준

품질코스트 집계를 위해서는 품질코스트 발생부서에서 집계하고 집계는 제품관리 단위(전산 Code 부여 제품 단위)로 집계한다.

1.2 집계 방법

첫째, 수작업 집계(품질코스트 항목별 Cost Table에 의해 관련 회계자료 및 업무 보고 자료 근거) 둘째, 전산 출력 집계(품질코스트 항목별 전산 Program을 운용)하는 방법이 있다.

1.3 집계순서 및 데이터의 처리기준

① 전년도 품질코스트 분석 및 문제점을 반영할 수 있도록 자료를 수집한다.
② 전사 품질코스트 운영계획을 수립하고, 사업부별로 품질코스트 세부 추진계획서를 업무별 품질코스트 발생부서에서 작성토록 한다.
③ 품질코스트 실행자료의 집계 시에는 1개월 단위(당월 초일부터 당월 말일까지)로 집계하여 전사 품질코스트 비용을 산출한다.
④ 전사적으로 품질코스트 종합집계, 분석 및 평가를 실시하여 품질코스트 개선 추진 현황을 파악하고 중점개선 사항을 도출한다.
⑤ 품질코스트 개선대책 수립 및 실시사항을 점검하고 추가 개선할 사항이나 시정 및 예방 조치를 할 사항을 확인하고 점검한다.
⑥ 전사 품질코스트 주관부서에서는 각 부문의 품질코스트 실적을 취합, 검토하여 전사 품질코스트 개선 실시 결과를 종합하여 매월 초순에 보고한다.
⑦ 사후관리 및 차기 계획에 반영토록 하여 지속적으로 품질코스트 개선 활동이 진행될 수 있도록 관리한다.

1.4 품질코스트 실적집계 Flow

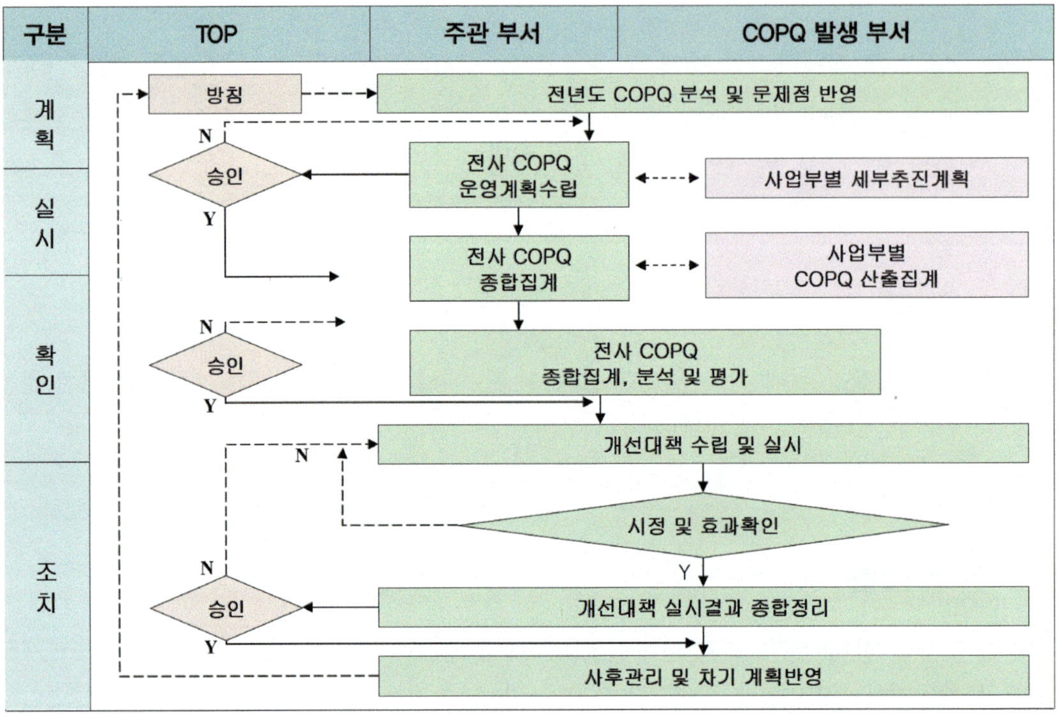

[그림 5-1] 품질코스트 실적집계 Flow

1.5 품질코스트 실적집계 방법

[표 5-1]과 같이 월별로 기회손실, 실패비용, 평가비용, 예방비용을 집계하고 [표 5-2]와 같이 기능 부서별로 기회손실, 실패비용, 평가비용, 예방비용을 집계한다.

[표 5-1] 월별 발생항목별 집계

기회손실												
실패비용												
평가비용												
예방비용												
월	1	2	3	4	5	6	7	8	9	10	11	12

[표 5-2] 기능 부서별 발생항목별 집계

구분	영업	개발	구매	생산	물류	서비스
기회손실						
실패비용						
평가비용						
예방비용						

[표 5-3] 월별 부서별 품질코스트 집계 양식

관리항목			부서	단위	1월	2월	3월	4월	5월	6월	7월	8월	9월	10월	11월	12월	년계	평균
P-COST		1.QP작성 인건비																
		2.직원 교육훈련비																
		3.작업자 교육훈련비																
		계																
		Q-COST 비율																
A-COST																		
		계																
		Q-COST 비율																
F-COST	IF																	
	EF																	
		계																
		Q-COST 비율																
합 계																		

[표 5-4] 월별 전사 품질코스트 총괄표

구 분	1월		2월		3월		4월		5월		6월		7월		8월		9월		10월		11월		12월	
		Q-COST 비율		Q-COST 비율		Q-COST 비율		Q-COST 비율		Q-COST 비율		Q-COST 비율		Q-COST 비율		Q-COST 비율		Q-COST 비율		Q-COST 비율		Q-COST 비율		Q-COST 비율
매 출 액																								
제조원가																								
예방비용																								
평가비용																								
실패비용 사내실패(IF)																								
실패비용 사외실패(EF)																								
(소계)																								
Q-COST 합계																								
매출액 대 Q-COST 점유율																								
제조원가 대 Q-COST 점유율																								

월별 품질 코스트 집계

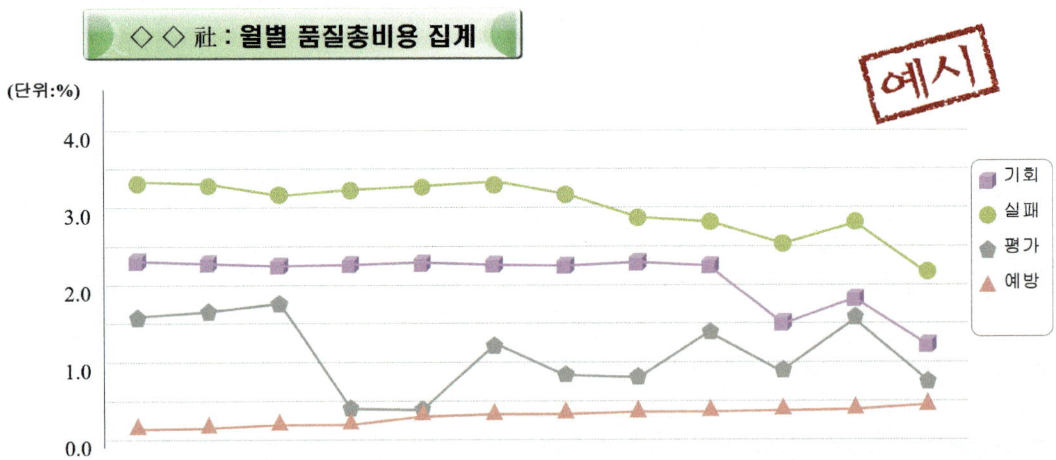

구 분	1월	2월	3월	4월	5월	6월	7월	8월	9월	10월	11월	12월	평균
기 회	2.30	2.28	2.20	2.21	2.28	2.22	2.20	2.70	2.20	1.50	1.80	1.20	2.09%
실 패	3.30	3.28	3.10	3.21	3.28	3.32	3.10	2.90	2.80	2.50	2.80	2.20	2.98%
평 가	1.58	1.68	1.79	0.42	0.41	1.20	0.87	0.85	1.43	0.92	1.58	0.74	1.12%
예 방	0.22	0.23	0.28	0.29	0.38	0.38	0.40	0.43	0.45	0.48	0.49	0.53	0.37%
계	7.40	7.47	7.37	6.13	6.35	7.12	6.57	6.88	6.88	5.40	6.67	4.67	6.56%

[그림 5-2] 월별 품질총비용 집계

Total COQ(COPQ 포함) 금액집계 (예시; 월별/부서별)

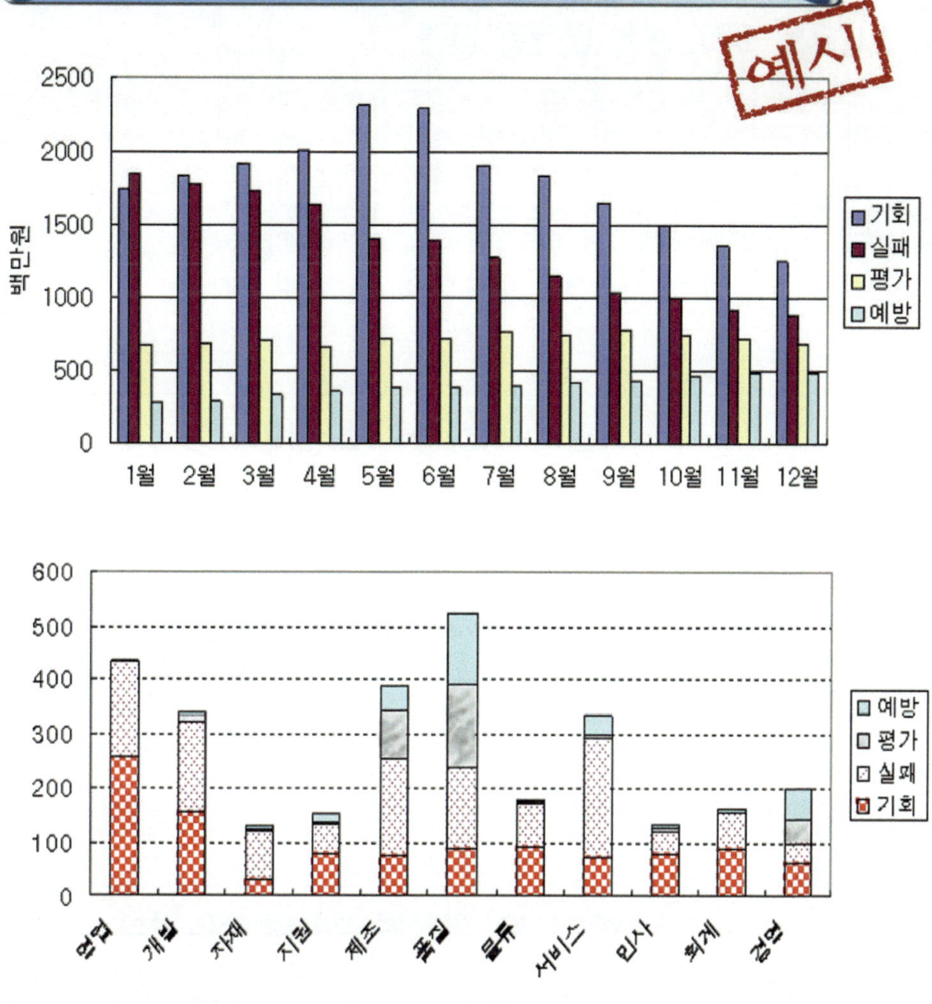

[그림 5-3] 월별/부서별 금액집계

COQ 실적 분석

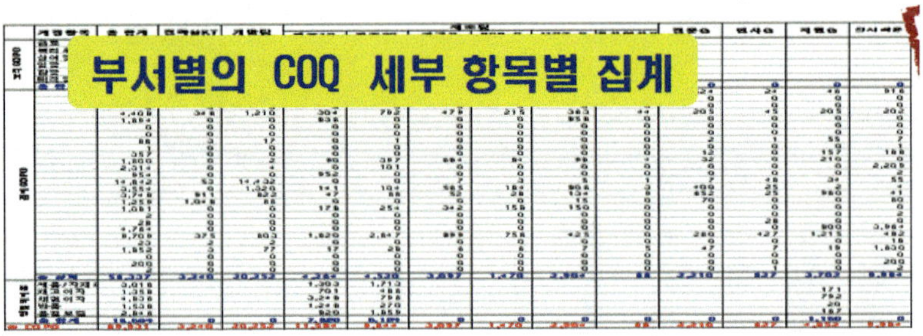

[그림 5-4] 월별 부서별 COQ 세부 항목별 집계

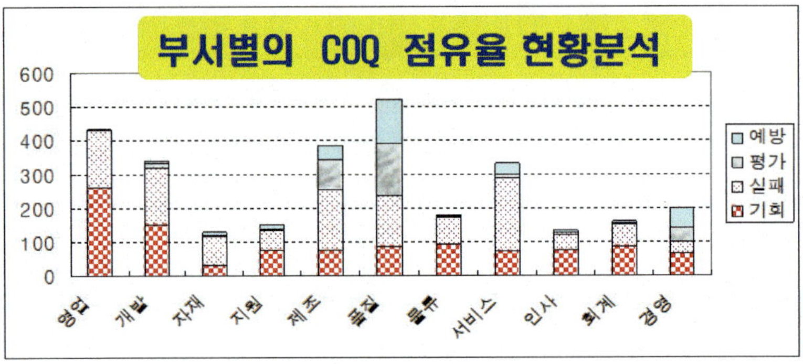

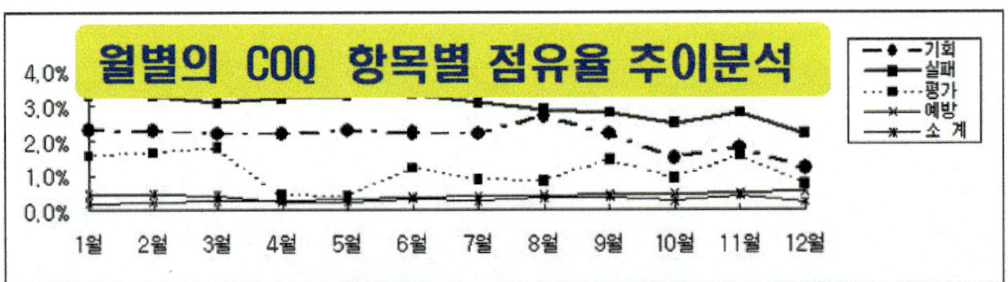

구분	1월	2월	3월	4월	5월	6월	7월	8월	9월	10월	11월	12월	計
기회	2.30%	2.28%	2.20%	2.21%	2.28%	2.22%	2.20%	2.70%	2.20%	1.50%	1.80%	1.20%	2.09%
실패	3.30%	3.28%	3.10%	3.21%	3.28%	3.32%	3.10%	2.90%	2.80%	2.50%	2.80%	2.20%	2.96%
평가	1.56%	1.65%	1.79%	0.42%	0.41%	1.20%	0.87%	0.85%	1.43%	0.92%	1.56%	0.74%	1.12%
예방	0.22%	0.23%	0.28%	0.29%	0.35%	0.39%	0.40%	0.43%	0.45%	0.46%	0.49%	0.53%	0.37%
소 계	0.46%	0.48%	0.43%	0.23%	0.24%	0.35%	0.28%	0.36%	0.39%	0.28%	0.42%	0.24%	6.56%

[그림 5-6] 월별의 COQ 항목별 점유율 추이분석

COPQ 항목별 집계현황

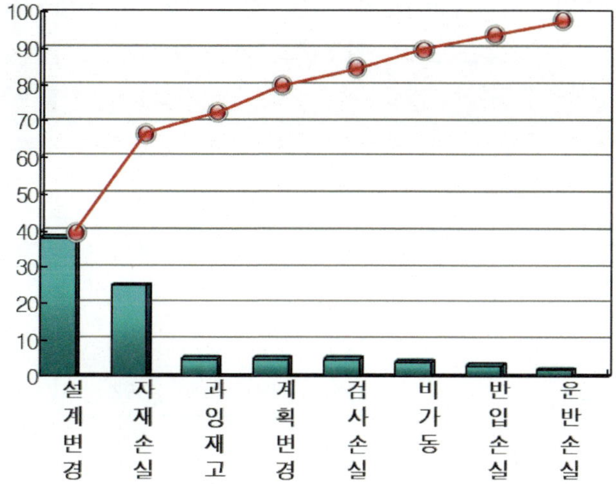

[그림 5-7] COPQ 항목별 집계현황

2 품질코스트 실적 분석 및 평가

2.1 품질코스트 실적 분석

① Point는 적절한 품질 지렛대(Quality Lever)의 선정 즉, 문제에 대한 근본적인 요인 및 유형을 정확히 파악하고 그것을 해결하기 위한 최선의 방법을 찾는다.

② 분석기준은 품질코스트 항목 중에 전체 코스트를 줄이는데 가장 영향력이 큰 비용항목의 감소 관리를 위한 분석을 한다.

2.2 품질코스트의 분석 방법

1) 품질코스트의 월별 추이 분석

월별 집계된 품질코스트의 추이를 분석하여 P, A, F COST 및 전체 품질코스트의 추이 및 전월 대비 당월 실적의 증감 요인을 분석한다.

2) 관리기준치와 차이 분석

집계된 실적치와 관리기준치와의 비교 차이 분석한다. 이를 위하여 제품 생산 방식의 특성, 당사의 경영 목표, 선진수준 등을 고려, 최소한의 Q-COST 관리 기준치를 [표 5-5]와 같이 설정하여야 한다.

[표 5-5] Q-COST 관리기준치의 설정(예)

구분	전사	1사	2사	3사
Q-COST	매출액 대비 5%	매출액 대비 5%	매출액 대비 5%	매출액 대비 5%
P-COST	15%	15%	15%	15%
A-COST	25%	25%	25%	25%
F-COST	60%	60%	60%	60%

3) 측정기준에 의한 분석

[표 5-6]과 같이 구분, 내용별로 분석하여 학자들이 제시하는 기준과 비교해 보고 제품별, 주요 공정별, 부문별 분석도 하여 F, A-COST의 구성 비율 등을 비교하여 보는 것이 좋다.

[표 5-6] Q-COST의 분석 방법

구분	내용	비고
매출액 대 Q-COST 비율 분석	매출액 대비 2.5%	CROSBY
제조원가 대 Q-COST의 비율 분석	제조원가의 6-7%	FEIGEN
Q-COST의 구성 비율 분석	예방비: 15% / 평가비: 25% 실패비: 60%	FEIGEN
제품별 분석	F, A-COST	
주요 공정별 분석	F, A-COST	
부문별 분석	F-COST	

2.3 Q-COST의 분석 후 점검 항목

① Q-COST 총액은 감소 하는가?
② P-COST가 증가하면 A-COST는?
③ COST 항목별 계획과 실적은?
④ F-COST 감소의 정도는?
⑤ A-COST와 F-COST의 관계는?
⑥ 생산금액과 월별 Q-COST의 관계는?
⑦ 기타 필요한 사항

2.4 분석 결과에 따라 품질 불량 항목의 추출

① 손실 비용이 장기간 크게 나타난 부적합 항목
② 경영관점에서 효율성과 효과성 측면에서 개선 효과가 큰 항목
③ 전 부문에 파급효과가 크고, 동기부여 측면에서도 효과가 큰 항목
④ 개선실행이 가능하고, 효과 측정이 가능한 항목

2.5 COQ와 연계한 재무성과 분석

① 기능부서별로 발생된 "기회손실, 실패비용, 평가비용, 예방비용"을 원가관리 측면에서 "판매관리비, 일반관리비, 재료비, 경비, 노무비"로 집계 및 분석한다.

< 기능부서간 발생항목별 원가연계 분석 >

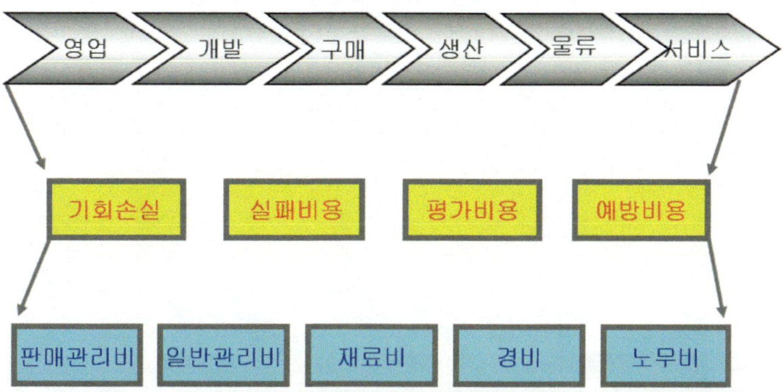

② 기 발생된 "기회손실, 실패비용, 평가비용, 예방비용"을 비즈니스 프로세스 관점에서 "제조원가, 판매원가"로 집계 및 분석한다.

③ 분기별, 연도별로 구분하여 매출액 대비 "제조원가, 판매원가"를 비교 분석하고, 매출총이익, 영업이익"의 변화 추이를 분석한다.

④ 기능부서별로 발생된 "기회손실, 실패비용, 평가비용, 예방비용"을 종합하여 COQ 개선 활동 전 & 후에 점유율 및 절감 금액을 분석하여 재무성과와 연계할 수 있도록 한다.

아래의 [그림 5-8]에서는 COQ 개선 활동으로 "기회손실, 실패비용, 평가비용"은 감소하고, 예방비용은 증가함을 알 수 있다.

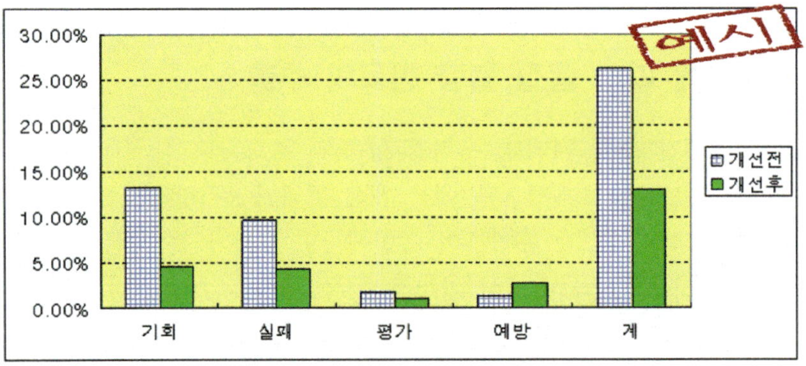

[그림 5-8] COQ 개선 활동 전 & 후 항목별 점유현황 분석(예시)

2.6 COQ와 연계한 재무성과 분석 - 사례

① 연도별로 "영업이익, 매출총이익, 매출액"을 집계한 사례인데 매출액은 정체되어 있지만, "영업이익과 매출총이익"이 증가하고 있음을 알 수 있다.

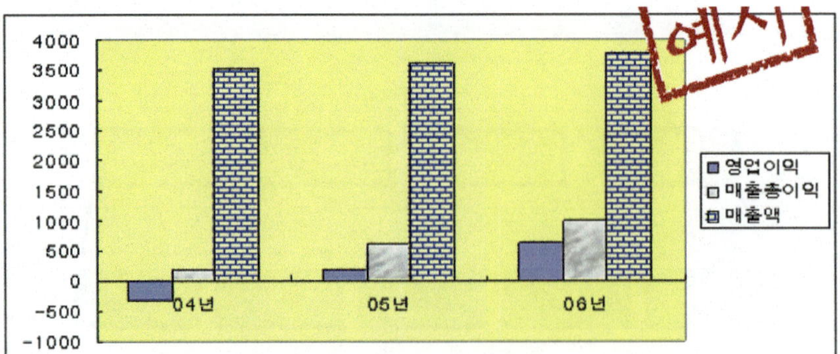

[그림 5-9] 매출액 대비 영업이익 및 매출 총이익 분석 예시

② 연도별로 “영업이익, 매출총이익”을 집계한 사례는 판매관리비가 줄어들면서 매년 영업이익이 매년 증가하고 있음을 알 수 있다.

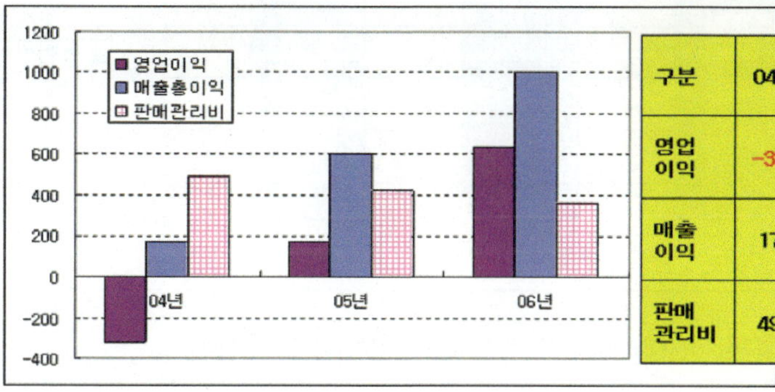

예시

구분	04년	05년	06년
영업이익	-315	175	635
매출이익	175	600	1000
판매관리비	490	425	365

[그림 5-10] 매출 총이익 대비 판매관리비 및 영업이익 분석 예시

③ 연도별로 “제조원가, 매출총이익”을 집계한 사례는 “제조원가”가 줄어들면서 매출총이익이 증가하고 있음을 알 수 있다.

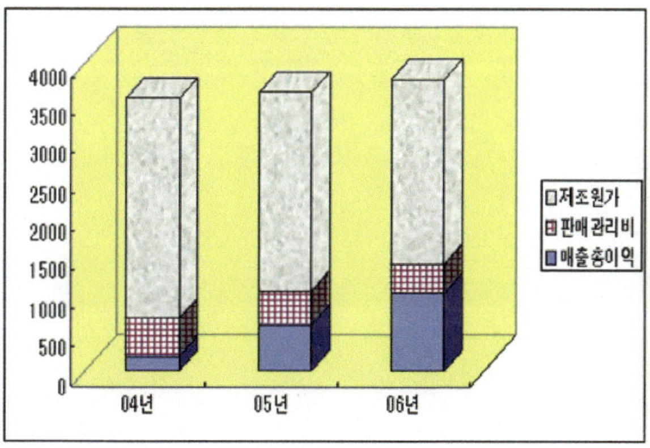

구분	04년	05년	06년
매출총이익	175	600	1000
판매관리비	490	425	365
제조원가	2860	2585	2415
매출원가	3350	3010	2780
매출액	3525	3610	3780

[그림 5-11] 매출 총이익 대비 제조원가 및 판매관리비 분석 예시

④ 당사 대비 경쟁사 1, 2의 매출원가 및 영업이익 집계한 사례는 당사의 영업이익이 경쟁사의 영업이익보다 크게 얻고 있음을 알 수 있다.

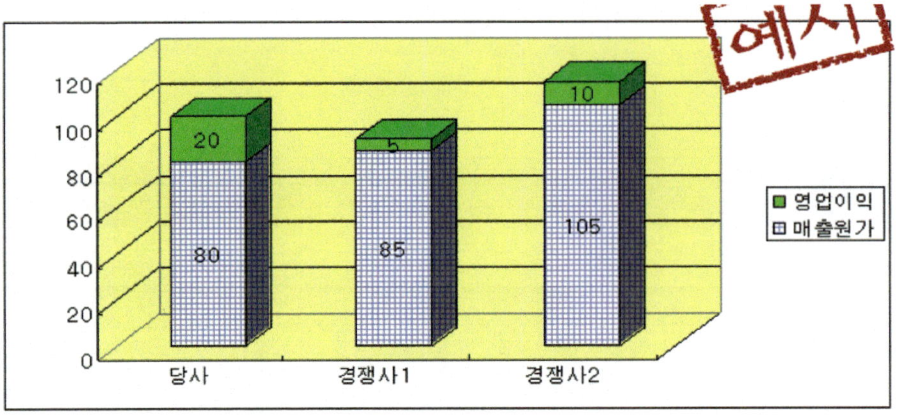

[그림 5-12] 당사 대비 경쟁사 영업이익 분석 예시

Chapter 6

품질코스트(COQ) 개선 활동

1. 개선 활동에 품질코스트의 효과적 활용
2. 품질코스트 개선 추진 단계
3. 품질코스트 개선 활동 개요
4. 품질코스트 개선활동 추진
5. 개선 활동 프로세스

Q-COST

&

COPQ

1 개선 활동에 품질코스트의 효과적 활용

1) 기존 테마개선 활동이 품질 코스트의 절감으로 연결되지 않는 이유

- 테마를 선 도출하여 개선하면 막연히 코스트가 절감될 것이라는 사고로 접근되어 있음
- 불량은 한 부서의 책임이 아닌 여러 부문이 원인이 되어 나타나는 종합적 결과임
- 개선을 할 테마도 있지만 유지관리가 중요한 품질 문제점인 경우도 다수임
- 검사 인원의 삭감으로 평가코스트는 줄지만 크레임이 늘어 오히려 실패코스트가 더 증가할 수 있음
- 시스템 개선에 관한 테마는 타 부문의 협조가 절대적임
- 대부분의 품질코스트가 대부분 불량과 검사 인력에 초점이 맞춰져 있음

2) 품질 코스트의 절감으로 연결하기 위한 방안

- 품질코스트의 로스 항목을 구체화하고 로스 전반으로 확대한다.
- 가급적 계정을 이용 집계 하되 로스가 부문, 부서별로 분할될 수 있는 방법을 검토한다.
- 품질 코스트를 중심으로 로스 발생 원인을 구체화하여 테마를 도출한다.
- 관련 부서 간의 로스 절감 활동을 파악하여 TFT(Task Force Team) 활동을 권장한다.
- 목표를 공격적으로 하고 정기적으로 워크숍을 통한 과정 관리를 한다.
- 전체적으로 서로 로스가 상충될 수 있으므로 부서 간 역효과가 발생할 경우 조정 기능을 갖는다.
- 테마의 개선과 함께 시스템 개선에 관한 부분도 함께 추진한다.

2 품질코스트 개선 추진 단계

2.1 품질코스트의 정량화

① 품질코스트와 계정 Matrix를 만든다
② 품질코스트의 세부 항목별 계정 구성을 결정한다. (COPQ 개념으로 실패코스트 구성)
③ 품질코스트 프로그램을 구성한다.
④ 품질코스트를 집계한다.

P – Cost

구분	소구분	정의	산출기준	관련부서
품질기획	품질기획비	품질기획 및 품질활동에 소요되는 조사, 교섭, 회의 입안 비용 : 행사비, 기술 도입비	QM부서의 행사비, 도서인쇄비 국내외 연구 출장 경비, 관련 기관 회비 지급수수료	
품질교육	품질교육비	Super A, QM에서 품질 관련 외부 교육 및 컨설팅에 관해 집행된 비용	QM 관련 교육비 및 출장비, 강사료, 컨설팅 자문료	

산출 자료 집계 내역

Main Team	Form						Related Cost	비고
	구분	품질 기획비	품질 기술비	품질관리비	품질 교육비	자주 활동비		
Super A팀	경비	인건비 도서 인쇄비	지급수 수료	소모품비 회의비 여비교통비 시내교통비 접대비	사외 교육비	제안상금 시상금 회합비	P–Cost	

2.2 코스트 계정별비율 및 금액 목표의 명확화

① 코스트 계정별 로스 비율 및 금액을 분류한다.

② 절감 목표를 산정한다. (총실패 비용의 50% 등)

③ 계정별 목표로 분할한다.

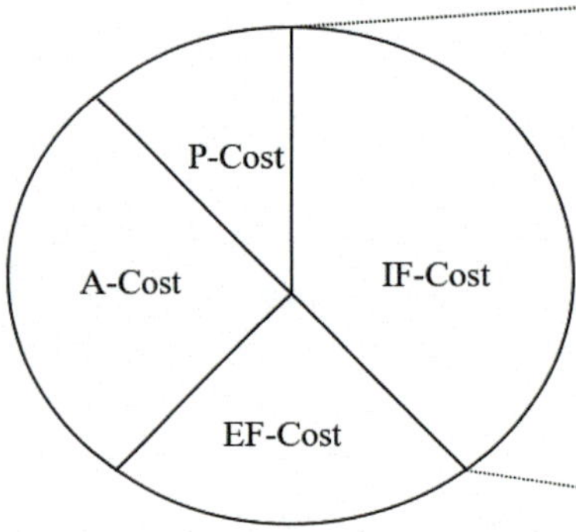

IF 내역	손실금액
폐기불량 자재	
불량 수정 손실	
설계 자재 로스	
부원료 손실로스	

2.3 관련 및 주관부서의 결정

① 계정별 주요 담당 부서를 결정한다. 이때 목표가 나눠질 수 있으면 분할하고 분할이 어려운 경우 공동 부서로 결정해도 무방하다.

세부계정	계정 내역	관련부서	주관부서

2.4 원가 상승 요인 검토 및 명확화

① 담당 부서별 계정에 대한 원가 발생 요인을 도출케 한다. 이때 사내 원가 전문가를 육성 활용하거나 부서 원가 발생 요인에 대한 정리 자료를 참고케 한다.

② 원가 발생 요인에 대한 4M Matrix 분석을 한다.

구분	1공정	2공정	3공정	4공정	5공정	6공정
사람						
설비						
자재						
Utility						
시스템, 환경						

2.5 개선테마도출

① 요인별 원인조사를 실시하고 테마를 도출한다.

② 도출된 테마를 공동 테마와 팀 단독 테마 / 원가 직접 효과와 간접효과, 유형 효과 / 유지관리와 개선관리, 조건설정 등 테마유형별 정리를 한다.

원가발생요인	원인1	원인2	원인3	추진 테마

세부테마 설정 전개 시트

테마	원가저해요인	해결가능성	활동테마	관리방안	활동기간	관련부서

2.6 팀 편성

① 공동테마는 사무국 주관으로 팀을 편성하고 책임 소재를 명확히 한다.

② 부서별 추진 테마는 정리하여 사무국에 보고한다.

테마 관리 대장

유형	번호	코드	주관부서	구분	테마	목표	활동기간	관련부서

① 유형 : 연합, 부서 테마 표기, 분임조 테마 개인 테마는 부서장이 등록 관리

② 코드 : 테마의 관리는 코드로 하여 관리하는 것이 편리

③ 주관부서 : 테마의 해결을 주체적으로 진행하는 부서

④ 구분 : 원가, 유형효과, 업무품질로 구분

⑤ 활동 기간 : 가급적 3개월 이내로 유도

⑥ 연합 테마의 경우 관련 부서를 함께 표기

2.7 개선 테마의 구체화

① 각 담당별로 결정된 테마에 대한 상세 조사를 통해 해결 세부 방안을 작성한다.
② 일정 계획을 세우고 실행한다.

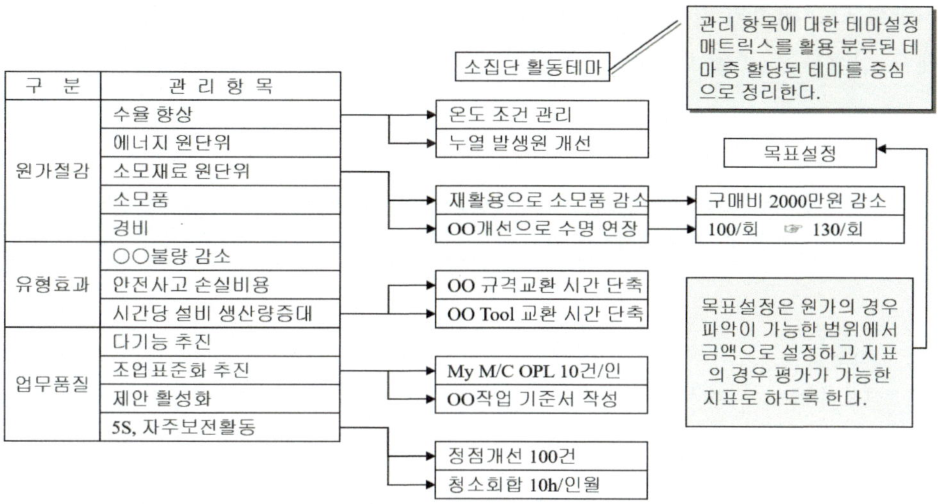

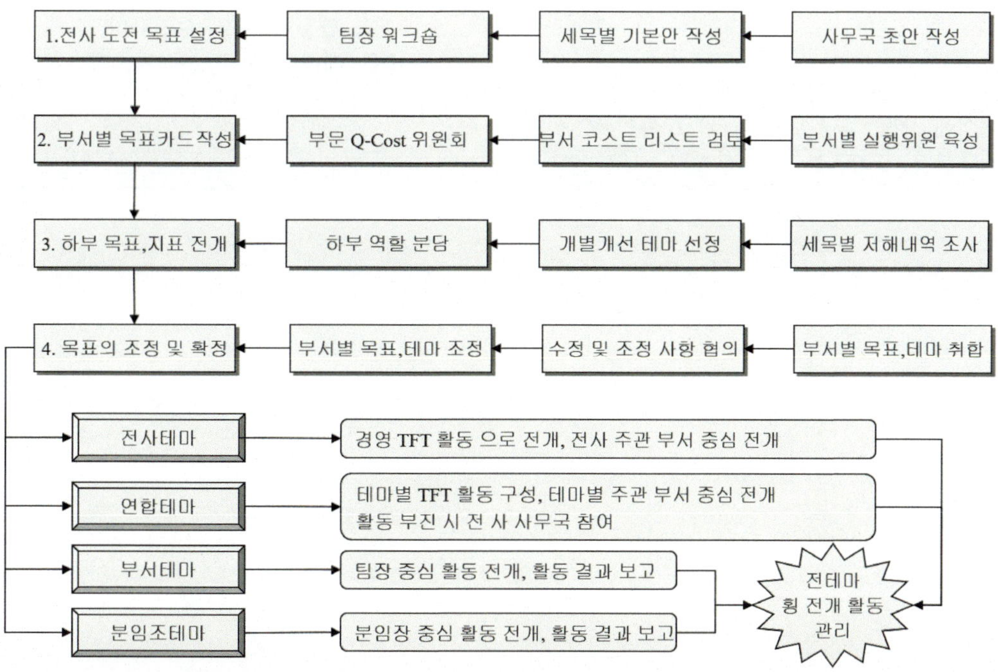

2.8 목표 관리 및 Feed-Back

① 취합된 목표 금액을 검토 중복되는 것을 정리하여 목표 금액을 산정한다.

② 목표 금액이 미흡할 경우 보완 계획을 지시한다.

③ Feed-Back

- 지속적으로 진척되지 않거나 목표가 초과된 경우 재검토 후 수정한다.
- 매월 실적과 목표를 비교하고 부진한 부문은 원인조사와 대책을 요구한다.

• 테마는 변경될 수 있다. 현대는 정보 시대이다.

• 최초의 테마가 주변 환경의 변화 예측 잘못으로 노력해도 효과가 나타나지 않을 수 있다.

• 과정 관리를 한다고 지표가 좋아지지는 않는다.

실적을 평가해서 우수자료를 선정하여 홍보하고, 실적이 특히 부진한 테마는 원인 조사 시트를 배포한다.	⇒	각 팀별로 원인을 조사하고, 합당한 대책을 수립한다. 이때 테마의 교체가 필요할 경우 Q-Cost 담당자 회의를 거쳐 결정한다
팀에서 진행 중 추진이 어렵거나 실효성이 떨어지는 테마는 Q-Cost 담당자 회의를 통해 새로운 테마로 교체한다. 완료된 테마는 원포인트 시트로 정리하여 회의에 상정, 해당 팀장의 완료 확인 후 제출한다.	⇒	개선대책 및 교체된 테마를 확인하고 Q-Cost 활동 목표를 수정한다. 우수한 테마는 사내 통신망, 기술교류회 등을 통해 홍보한다.

목표 달성을 위한 테마 관리 활동 구조도 (예)

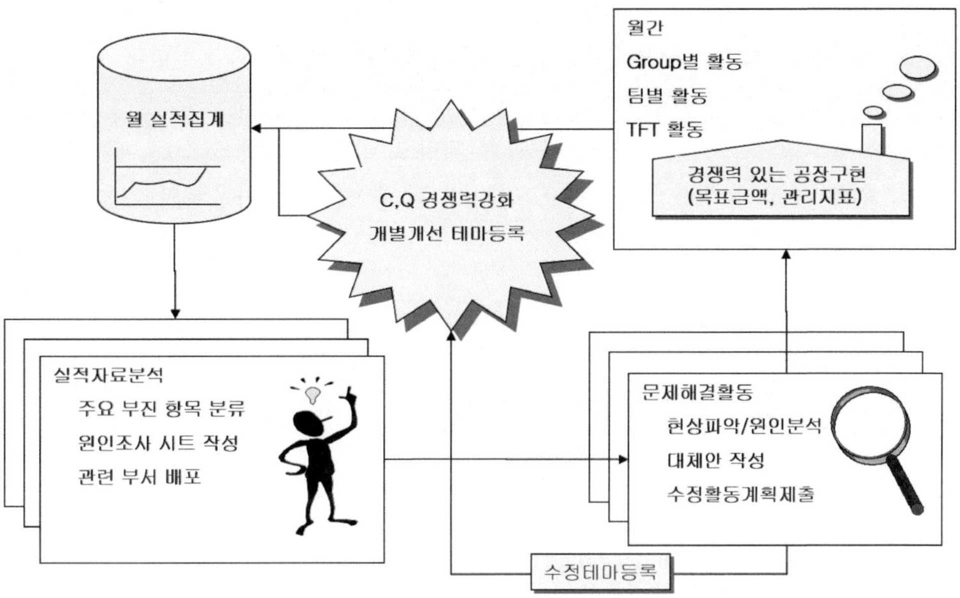

부진항목 원인조사 시트 (예)

월 일 팀명

항목	현상	목표	실적	테 마	주 요 미 달 원 인	대 책	담당	활동기간	비고

← 사무국 작성 → ← 해당팀 **Q-Cost** 담당자 작성 →

◇ 부진 항목은 확연히 개선되지 않는 계정항목을 중심으로 정리한다.
◇ 설명이 요하는 내용은 별첨으로 첨부한다.
◇ 세부 실행 안의 변경이 필요할 시 비고란에 테마변경으로 기록한다.

2.9 Q-Cost 저감을 위한 제언

① 품질 코스트를 토대로 원가 발생 요인을 재정리한다.
② 정리된 낭비 요인을 토대로 코스트를 줄일 수 있는 테마를 재정리한다.
③ 관련 부문이 공동으로 추진해야 할 테마는 공동 테마로 하여 특히 중점 관리한다.
④ 테마를 직접 코스트, 유형 효과, 간접 관련 테마로 구분 확실한 코스트 체계로 관리한다.
⑤ 가급적 원가 구조 분석을 통한 목표 전개가 될 수 있도록 사무국의 기능을 강화한다.

3 품질비용 개선 활동 개요

3.1 추출된 COPQ에 대한 개선방안 수립

1) COPQ 항목에 대한 현상 파악

① COPQ 항목에 영향을 미치는 원인(요인)을 파악한다.
② COPQ 항목에 대한 발생 원인별 파레토를 작성, 발생 정도를 비교한다.

COPQ 항목을 개선해야 할 대상은 원인이다. 따라서 근본 원인에 대해서 아래 COPQ 개선 활동 계획서에 적절한 대책을 수립하는 것이 중요하다.

개선활동 계획서

업무분류	COPQ발생 문제점		개선대책		주관부서		협조부서			완료일정
	COPQ 항목	원인 규명	개선 과제 (명)	관리방안 (무엇을 어떻게)	담당자	책임자	협조 부서	담당자	업무 협조 내용	

2) COPQ 개선 활동 계획서 각 항목란 작성 방법

① 업무분류 항목란

업무프로세스 혹은 COPQ 발생부서로 업무분류를 한다.

② COPQ 항목란

COPQ 중 비용발생이 큰 항목을 2~3개씩 선정, 기재한다. 이는 COPQ 관련된 중요 항목별로 집중관리를 통해 개선의 효율화를 기하기 위함이다.

③ 원인(요인) 규명 항목란

추출된 COPQ 항목의 발생원인(요인)들을 파악, 기재한다.

④ 개선 과제명 항목란

COPQ 발생 항목별로 규명된 각 요인(요인)별로 대책을 수립개, 선 과제명을 기재한다.

⑤ 관리 방안 항목란

원인(요인)별 개선 과제명의 관리 방향(무엇을 → 어떻게)을 명확히 세부적으로 기재한다.

⑥ 완료 일정 항목란

개선 과제명 완료예상 시점의 일정을 기재한다.

3.2 추출된 COPQ에 대한 개선활동

"Hidden COPQ" 항목들을 찾아서 "Visual COPQ" 항목으로 도출한 것을 주요 4대 개선활동 프로세스에 준하여 개선 활동을 추진한다.

① QC 기법
② 개선활동 프로세스
③ SPC 개선 프로세스
④ 6 Sigma 개선 프로세스

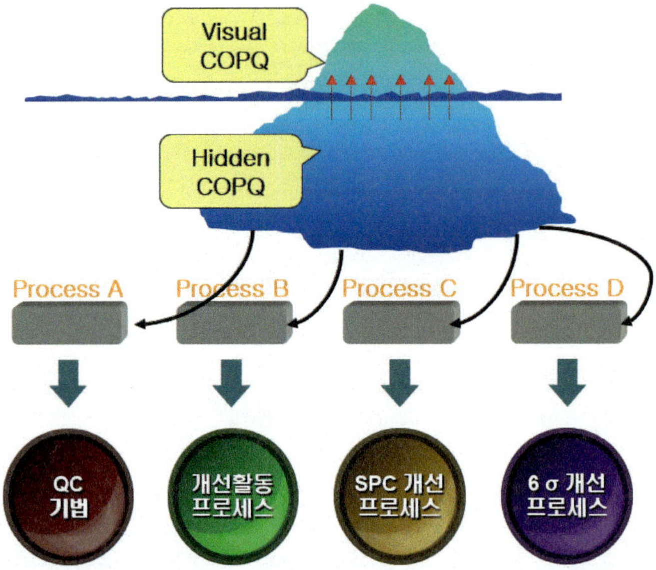
Visual
COPQ
Hidden
COPQ
Process A
Process B
Process C
Process D
QC
기법
개선활동
프로세스
SPC 개선
프로세스
6 σ 개선
프로세스

4 품질비용 개선활동 추진

4.1 과제화 추진 및 절감 활동 개요

COPQ 저감을 위하여 과학적인 기법을 활용하여 지속적으로 추진함으로써 품질 및 원가 경쟁력을 확보할 수 있도록 개선 활동을 추진함.

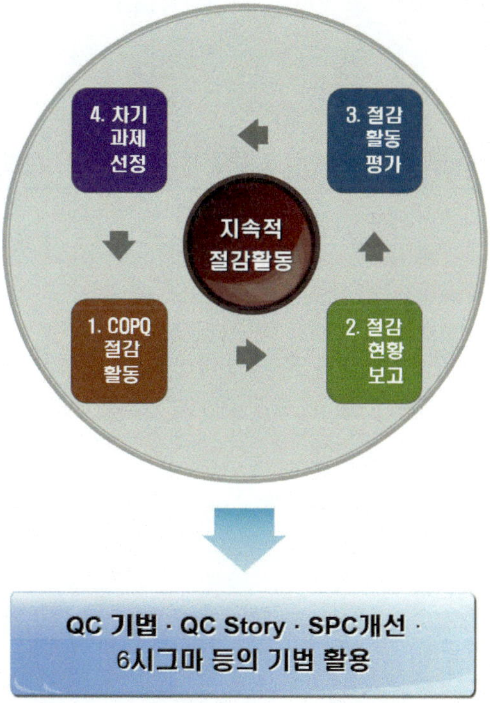

4.2 개선 절차

과제로 선정된 Worst COPQ 문제에 대해서 재발방지를 위한 개선을 문제해결 프로세스를 적용하여 단계별로 추진함.

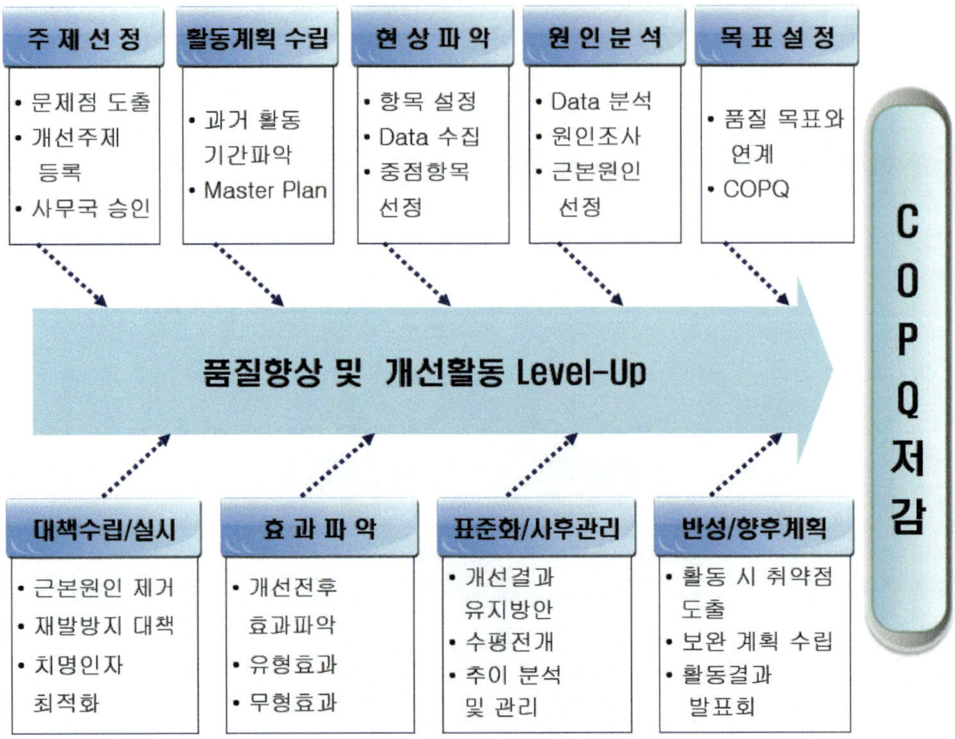

4.3 개선과제 도출

1) COPQ 개선항목의 추출

모든 COPQ 항목 전체를 관리하기보다는 몇 개의 악화된 COPQ 항목을 추출, 집중 관리하여 개선의 효율화 도모

① 손실 비용이 장기간 크게 나타난 항목
② COPQ의 경제성 관리로 개선효과가 큰 COPQ 항목
③ 동기부여 효과가 큰 COPQ 항목
④ 실행 가능한 COPQ 항목

2) 개선 항목에 대한 관련 부문의 이해 명시

관련 부문에 COPQ 개선항목의 개선에 대한 설명을 붙여 협조를 구함

① COPQ 개선항목 해결에 목적
② COPQ 개선항목 해결 시의 기대 효과
③ 관련 부문 및 역할 명시

4.4 개선 목표 설정

1) 목표 달성을 위한 올바르고 명확한 추진 방향 설정

① COPQ 개선항목에 대한 금액과 품질 목표 설정
② 관련 비용 항목에 대한 금액과 매출액대비 산정
③ COPQ 전체, COPQ 각 항목별 절감 목표 설정
④ 관리 비용(평가비용, 예방비용)의 투자 계획 수립
(단, 예상 절감 효과 금액에 비해 투자 금액이 큰 것은 피함)

4.5 개선대책 실시

1) 개선대책서 작성

① 문제에 대한 근본요인 및 유형을 정확히 파악하고 그것을 해결하기 위한 최선의 방법 식별
② 개선 대상으로 추출된 불량항목의 현상 파악 실시
불량항목에 영향을 미치는 원인 분석
요인별 대 · 소 차이 비교 및 개선의 우선 순위 선정

각 원인 규명에 대한 대책서 작성 관리

COPQ 항목	COPQ 발생 문제점		개선대책		주관부서		협조부서			일정
	불량 항목	원인 규명	개선 과제	관리 방향	담당	책임자	부서	담당자	협조 내용	

2) 관리 Cycle 중 실시 단계로 관련 부문과 긴밀한 협조 관계 유지

3) COPQ 개선항목의 개선 여부를 좌우하는 중요한 단계

① 개선대책 내용의 주지 (본인의 역할을 사전에 충분히 주지시켜 공동 참여 유도)
② 계획에 근거하여 실시
③ 필요한 경우 사내 · 외 전문적 지식이나 기술 지원 요청
④ 진도관리 (도출되는 문제점의 수정 보완 및 일정 관리 도모)

4.6 효과 파악/표준화

1) 개선 목표 달성도 파악

2) 유형 효과/ 무형 효과 분석

3) 개선 내용의 표준화

5 개선 활동 프로세스

5.1 QC 기법

1) QC 기법 개요

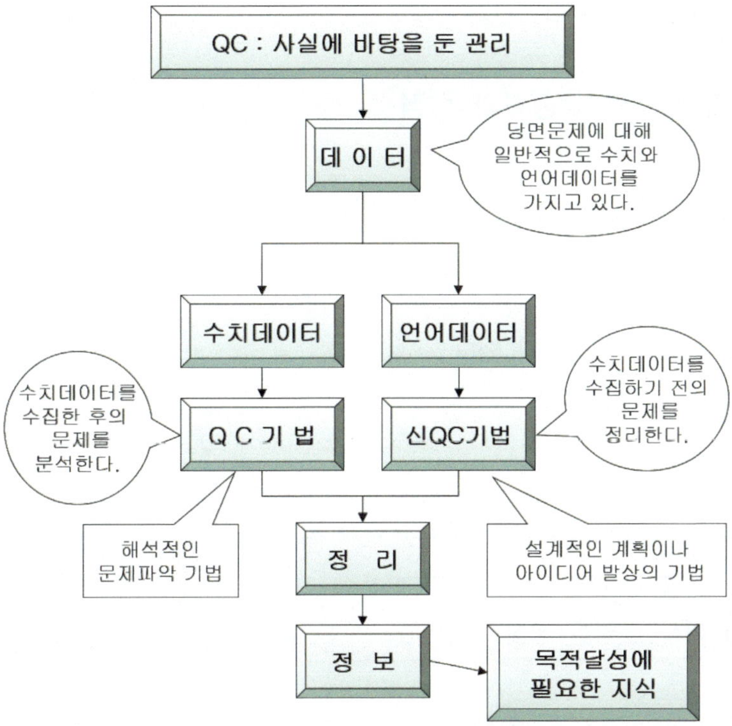

2) QC 7가지 기법

① 층별 : 부적합 요인(5M1E)마다 데이터를 구분해서 분석하는 기법.

② 체크시트 : 데이터 수집, 문제 분석을 효율적으로 실시하기 위한 기법.

③ 파레토그림: 문제의 중점화, 우선순위 파악을 위한 기법.

④ 히스토그램 : 데이터의 산포 상태를 파악하기 위한 기법.

⑤ 특성요인도 : 특성에 영향을 끼치는 요인을 분석하기 위한 기법.

⑥ 산점도 : 영향을 주는 2개의 인자간의관계를 파악하는 기법.

⑦ 그래프, 관리도 : 그래프 - 숫자를 시각화 하여 정보전달을 용이하게 하는 기법, 관리도 - 공정이 일정한 품질수준을 유지하는가를 판정하는 기법.

3) 신 QC 7가지 기법

- 언어 데이터(정성 데이터)를 정리하여
- 발상에 기여토록 하고
- 계획(Plan)을 충실하게 하는 기법으로
- 누락과 탈락을 방지하고
- 관계자 전원이 협력하여 추진하는데 도움이 되고
- 관계자에게 쉽게 이해시킬 수 있으며
- 생생하게 호소하는 기법이다.

4) 신 QC 7가지 기법의 종류와 장점

① 연관도법

- 복잡한 요인이 얽힌 문제의 인과관계를 명확히 하는 기법
  - 복잡하게 얽혀있는 요인을 정리할 수 있다.
  - 그 결과 인과관계나 상호의 관련이 명확해진다.
  - 분임원의 의견을 발표하기 쉽다.

② 계통도법

- 목표를 실현하기 위한 최적수단을 계통적으로 추구해 나가는 기법
  - 「목적-수단」의 관계를 놓고 전개하므로 누락을 방지할 수 있다.
  - 수단의 관계를 한눈에 알 수 있기 때문에 관계자에 대해 설득력이 있다.
  - 분임원의 의사 통일을 꾀하기 쉽다

③ 친화도법

- 미래, 미경험의 분명치 않은 문제점을 찾아내기 위한 기법
  - 문제를 정리할 수 있다.
  - 새로운 발상을 얻을 수 있다.
  - 많은 사람의 의견이 받아들여진다.

④ 매트릭스도법

- 행과 열, 두 가지 요소를 분석해서 문제해결의 실마리를 찾는 기법
  - 요소간의관계가 명확해진다.
  - 전체의 구성을 한 눈에 파악할 수 있다.
  - 2~4종류의 표를 한 장에 정리할 수 있으므로 문제의 소재가 보다 명확해진다.

⑤ 매트릭스 데이터 해석법
- 유일한 수치데이터 해석 기법으로 「주성분 분석법」이라고도 한다

⑥ 애로우다이아그램법
- 가장 적합한 일정계획을 세워서 그것을 효율적으로 관리하는 기법
  - 실제의 일에 착수하기 전에 문제점을 명확히 할 수 있다.
  - 진척상황의 체크가 용이하다.
  - 계획변경을 할 때 누락을 막을 수 있다.

⑦ PDPC법
- 계획의 실시과정에서 예상치 못했던 문제를 예방하기 위해 사전에 예상되는 모든 결과를 예측하여 Process의 진행을 가장 바람직한 방법으로 이끌어 가는 기법
  - 미래를 예측하고 사전 대책이 가능하다.
  - 문제가 있는 곳, 최종점 사항을 확인할 수 있다.
  - 어떤 방법으로 종결을 지으려는지 결정자의 의도를 표현할 수 있다.

5.2 개선 활동 프로세스

개선 활동 프로세스는 [표 6-1]과 같이 과제 달성형과 문제 해결형의 2가지 유형이 있다.

[표 6-1] 개선활동 프로세스 유형별 요약

과제 달성형	문제 해결형
1. 경험이 없는 처음 하는 일을 성취하고 싶다.	1. 반복적으로 업무과정에서 발생해 오던 문제를 해결하고 싶다.
2. 현재의 수준을 크게 혁신시키고 싶다.(현상타파)	2. 현재 수준을 약간 향상시키고 싶다.
3. 현재 만족할만한 수준이지만, 매력적 품질수준에 도전하고 싶다. - 매력적 품질의 창출	3. 현재 수준이 불만족이며, 당연한 수준에 도달하고 싶다.
4. 현재의 기술수준으로는 도달하기 어렵지만 도전해 보고 싶다.	4. 현재 기술 수준으로 충분한데도 이루어지지 않으므로 해보고 싶다.
5. 예견, 예측되는 과제에 미리 대처하고 싶다.	5. 발생한 문제의 재발을 방지하고 싶다.
6. 현재의 방안, 아이디어의 추구와 실행으로 달성할 수 있을 것 같다.	6. 현재의 방안은 없고, 나쁜 상태의 원인규명과 그 원인의 제거로 해결할 수 있을 것 같다.

개선 활동 유형별 프로세스

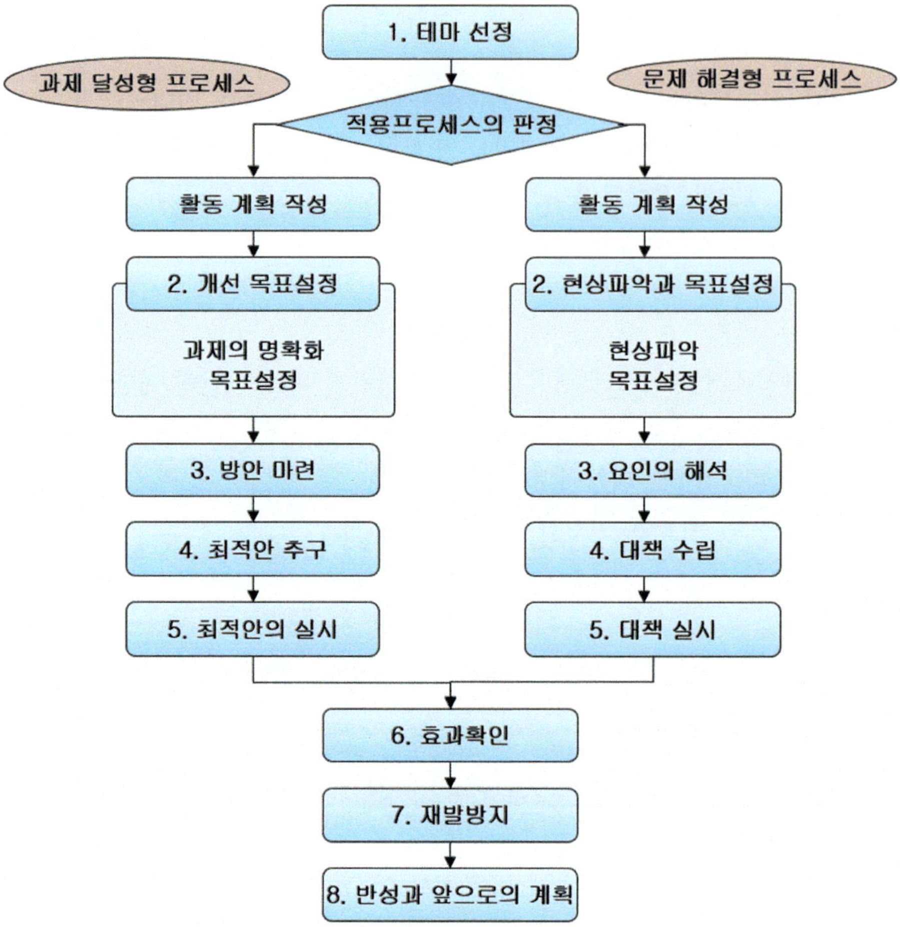

5.3 SPC 개선 활동 추진 방법

절차	내용	관련자료 및 기법
1. 동기부여 및 교육	- 경영자 및 부과장 SPC교육 - 관리자, 작업자 SPC교육 - SPC 동기부여	SPC체계 및 이론
2, SPC 팀 구성	- 총괄 SPC 추진담당 및 부서 결정 - 각 부서별 SPC 추진조직 구성 - 각 부서별 SPC 업무분장 추진	조직표 업무분장표
3. 제품의 특성치 파악	- 고객 요구 품질특성 분석 - 제품설계 자료분석 - 제품의 부적합 모드(MODE) 분석	품질기능 전개표 고객 요구 품질 시방
4. 프로세스 분석	- SPC 현황 및 문제점 분석 - QC 공정도 분석 - 불량계통도 작성 - PROCESS FMEA에 의한 시스템 분석	QC 공정도 Process FMEA/FTA
5. 관리변수의 선정	- 원인 변수 선정 - 결과 변수 선정	Process FMEA Brainstorming
6. 관리방법의 결정	- 원인 변수의 관리방법 결정 - 결과 변수의 관리방법 결정 - 장비 및 측정기 능력 평가	관리도/공정능력 분석 SPC 측정장비 R&R 평가
7. SPC 체계의 적용	- 원인과 결과 DATA의 수집 - 해석용 관리도 작성 - 프로세스 능력 분석	Check sheet 관리도 Histogram
8. 프로세스 해석	- 프로세스의 관리상태 판정 - 이상발생 원인규명 및 조치 - 공정능력 평가/조치 - 공정의 안정화	관리도 Histogram 부적합 요인계통도 상관회귀분석
9. 프로세스 관리	- 원인과 결과의 관리 - 이상요인 발생 시 원인 규명 및 조치 - 프로세스 품질정보의 가시화 관리	그래프/관리도 불량요인계통도 게시판/Pareto
10. 자동화	- DB 설계 - DATA 분석 시스템 개발 - 전사적 SPC 전산화 체계 구축	DB 자동측정 기술 Computer & 측정기술
11. 지속적인 품질개선 활동	- 테마선정부터 반성 및 향후 계획까지	Pareto 부적합 요인계통도 Process FMEA/FTA

5.4 Six Sigma 문제해결 프로세스

구분	STEP	내용
Define	Business 기회 정의	Business 기회 정의
	고객요구사항 확인	고객정의 고객 Need 도출
	프로젝트 선정	프로젝트 전개 프로젝트 평가/선정 프로젝트 범위 명확화
	프로젝트 등록	프로젝트 팀구성 일정수립 팀헌장
Measure	측정대상 결정	측정대상 선정/정의 측정기준 설정
	Data 수집	측정계획 수립 측정시스템 평가 변동이해
	현 수준 파악	연속형 Data 공정능력 이산형 Data 공정능력
	목표수립	목표수립
Analyze	잠재인자 도출	잠재인자 도출 잠재인자 선정
	인과관계 규명	가설 설정 Graph 분석 통계적 가설 설정
	치명인자 선정	치명인자 선정
Improve	개선안 도출	개선안 도출 개선안 평가 개선계획 수립
	개선안 실행	개선안 실행
	개선결과 검증	Pilot 실행 및 양산 개선결과 검 증
Control	모니터링 시스템 구축	관리계획서 작성 Risk Management Fool Proof SPC
	표준화	표준화/문서화
	성과 공유 및 사후관리	성과 공유 및 사후관리

5.5 COPQ 절감 대책 착안점

1) 부문별 착안점

부문	착안점
마케팅 부문	• 저가 판매 손실 감축 • 제품 재고 및 폐기 감축 • 부실채권 / 제품 재고
개발 부문	• 설계변경 / 개발지연 방지 • Reject(Scrap) 방지 • 금형 수정/ 재작업 감소
제조 부문	• 공정 유실 감축 • 폐기 감축 평가/검사
CS 부문	• 서비스대행료/ 보증(Warranty) • Return 및 교환 Loss • 서비스 상담 비용 등
구매 부문	• 고가구매 손실 감축 • 자재 재고 감축 • 폐기 및 매각 손실
물류 부문	• 초과 물류 • 서비스 자재 물류 • 제품 지급이자
지원 부문	• 불용자산감가상각비용 • 시스템&수작업 중복 • 유효 전산장비 Loss

2) COPQ 감축을 위한 과제화 (사례)

<table>
<tr><th>핵심전략</th><th>전략목표</th><th>하위목표</th><th>년간목표</th><th>추진과제 List</th><th>추진부서</th></tr>
<tr><td rowspan="9">이익 및 매출증대

· 이익율 5%

· 국내 M/S 36%

· 수출 2억불</td><td rowspan="2">재료 비율 60%</td><td rowspan="2">국판 재료 비율 60%</td><td>재고 감축</td><td>원자재 재고 감축</td><td>구매팀장</td></tr>
<tr><td>구매비용 절감</td><td>수작업 발주 개선</td><td>구매팀장</td></tr>
<tr><td rowspan="2">자재 유실 50%</td><td rowspan="2">자재 유실 50%</td><td>구매비용 절감</td><td>선진사 대비 가격경쟁력 확보</td><td>구매팀장</td></tr>
<tr><td>구매비용 절감</td><td>구매 유실 감소</td><td>구매팀장</td></tr>
<tr><td rowspan="5">생산 효율 30% 개선</td><td rowspan="2">인당 생산대수 30%</td><td>수율 향상</td><td>A 제품 수율 향상</td><td>제품기술</td></tr>
<tr><td>원가 절감</td><td>자재 폐기 비용 절감</td><td>글로벌운영</td></tr>
<tr><td rowspan="3">원가절감 20%</td><td>원가 절감</td><td>A 제품 Scrap 비용 절감</td><td>제조팀장</td></tr>
<tr><td>원가 절감</td><td>B 제품 Scrap 비용 절감</td><td>제조팀장</td></tr>
<tr><td>원가 절감</td><td>C 제품 Scrap 비용 절감</td><td>제조팀장</td></tr>
</table>

3) 과제별 책임자 선정 및 일정계획(사례)

Sub Goals	Annual Goals	List	추진부서	추진 Leader	기간
재료비율 66% 자재유실 50%	재고 감축	원자재 재고 감축	구매	ooo 과장	'24.2~6.
	구매비용 절감	수작업 발주 개선	구매	ooo과장	'24.4~8.
	구매비용 절감	선진사 대비 가격 경쟁력 확보	구매	ooo 차장	'24.5~9.
	구매비용 절감	구매 유실 감소	구매	ooo 차장	'24.3~7.
단납기율 향상 인당 생산대수 30% 유통/직판해외	수율 향상	A 제품 수율 향상	제품기술	ooo 과장	'24.2~6.
	원가 절감	자재 폐기 비용 절감	글로벌 운영	ooo 과장	'24.4~8.
	원가 절감	A 제품 Scrap 비용 절감	제조	ooo 차장	'24.5~9.
	원가 절감	B 제품 Scrap 비용 절감	제조	ooo 차장	'24.3~7.
	원가 절감	C 제품 Scrap 비용 절감	제조	ooo 차장	'24.3~7.

5.6 품질비용 절감 체크리스트

1) 예방코스트 절감 체크리스트

① 품질계획활동에 있어서의 실시된 추가적인 노력은 평가 및 실패코스트를 절감시킬 수 있는가를 충분히 검토하고 실행하고 있는가?

② 전수검사 혹은 로트검사 대신에 품질감사활동이 이용될 수 있는가?

③ 각종의 품질시스템은 불량 발생이 예방될 수 있도록 설계되어 운영되고 있는가?

④ 회사의 품질정책이나 관리지표가 적정하게 설정되어 있고 이를 전 종업원이 공유하고 있는가?

⑤ 품질관련 교육훈련 프로그램은 그 효율성이 충분히 검토되고 계속적으로 연구되어지고 있는가?

2) 평가코스트 절감 체크리스트

① 검사포인트는 그 효익이 극대화될 수 있도록 적소에 위치하고 있는가?

② 검사실 및 검사방법은 최대의 작업효율 달성이 가능하도록 설계되어 있는가?

③ 검사 및 시험작업은 특수한 장비나 컴퓨터장치 등에 의해 자동화가 가능한가?
④ 검사 및 시험결과에 대한 기록이나 보고기능이 컴퓨터 혹은 다른 최신 데이터 처리장치에 의해 효율적으로 수행되고 있는가?
⑤ 불량품 생산을 예방하고 제품검사를 생략할 수 있을 만큼 충분한 공정관리가 이루어지고 있는가?
⑥ 통계적 공정관리 기법이 적절히 사용되고 있는가?
⑦ 현재 외부 시험기관에서 수행되고 있는 시험활동을 공장 내에서 혹은 다른 방법에 의해 보다 경제적으로 수행될 수 있는가?
⑧ 현재 고급인력에 의해 수행되고 있는 검사 업무를 일반 종업원에 의해 수행되어질 수 있는가? 혹은 이를 위한 표준화 등이 이루어지고 있는가?

3) 실패코스트 절감 체크리스트

① 어떤 요소들이 높은 품질비용을 유발하며, 이에 대한 조치를 위해서 책임있는 사람들에게 보고되고 있는가?
② 폐기처분이나 재작업에 소요된 비용이 발생부서의 현장 감독자/관리자에게 알려져 품질비용을 유발시키는 치명적인 요인을 분류하여 조치를 취하고 있는가?
③ 높은 코스트를 유발하는 요소를 신속히 발견하여 조처를 강구할 수 있도록 설계 변경 비용에 대한 정보가 설계부문 책임자에게 보고되었는가?
④ 공급자에 의해 발생된 코스트 정보가 이에 대한 조처가 가능한 구매 부문과 수입검사 부문에 보고되었는가?
⑤ 조립 부문에서 발생된 불량에 대한 정보를 그 원인부서나 공급자에게 제공하고 이에 대한 조처가 강구되었는가?
⑥ 불량의 근본적인 원인이 발견되고 이에 대한 예방이 가능하도록 개선조처가 이루어지고 있는가?
⑦ 불용자재는 경제적인 방법으로 폐기되었는가?
⑧ 높은 불량이 발생되고 있음에도 불구하고 개선활동이 이루어지지 않는 곳은 어디인가?
⑨ 품질개선을 위한 활동이 정기적인 회합을 통해 보고되고 검토되고 있는가?
⑩ 품질개선을 위한 노력이 경영자나 부문책임자의 관심과 지원을 받고 있는가?
⑪ 보증비용의 타당성은 검토되었는가?
⑫ 현장의 성과 목표는 코스트의 지속적 관리와 절감이 가능하도록 설정되어 있는가?
⑬ 품질개선을 위한 노력이 경영자나 부문책임자의 관심과 지원을 받고 있는가?

Chapter 7

품질코스트의 표준화

Q-COST
&
COPQ

1 품질코스트의 표준화

표준화란 "표준을 정하여 이를 활용하는 조직적 행위"이다. 표준화는 현실적으로 비용과 시간의 어려움으로 실행하기가 상당히 어렵다. 그러나 효과적인 품질코스트 시스템을 기업에 정착시키고, 장려하기 위해서는 품질코스트의 표준화가 반드시 선행되어야 한다.

1.1 측정 항목의 표준화

품질코스트에 대한 측정 항목의 표준화는 상당히 시급한 과제임에도 불구하고, 잘 실행되지 못하고 있는 실정이다. 그런데 프로세스, 업무, 기술 등이 기업마다 너무 상이해 모든 기업에 적절한 품질코스트 측정 항목의 표준화는 광범위해 의미가 없다. 품질코스트 항목의 분류는 각 기업의 업종, 규모, 조직, 제품 등에 의해 결정된다고 하였다. 그래서 본장에서는 ASQ (American Society for Quality, 1999)의 PAF 모형을 가지고 품질코스트 측정항목의 표준화의 사례[표 7-1]를 제시하였고 국내 기업의 전기/전자, 기계, 서비스 업종 품질코스트 측정항목의 표준화 사례를 [표 7-2], [표 7-3], [표 7-4]에 제시하였다.

미국 ASQ에서 제시한 품질코스트 분류와 비교해 볼 때, 품질코스트 측정에 대한 한국 기업들의 특성은 다음과 같다. 첫째, 마케팅 또는 설계와 관련된 품질코스트를 잘 고려하지 않고 있다. 둘째, 예방코스트를 소홀히 하고 주로 실패코스트 측정에 주력하고 있다. 이것은 위에서 이미 언급한 바와 같이 품질을 너무 코스트의 관점에서만 보는 경향이 있기 때문이다. 셋째, 품질 인증 획득 비용에 대한 품질코스트가 거의 없다. 넷째, 대부분의 기업들이 기회손실코스트를 전혀 측정하지 않는다. 다섯째, 외부 실패코스트 중에서도 이미지 상실 등 측정하기 어려운 코스트들은 대부분의 기업들이 품질코스트에 거의 포함시키지 않고 있다.

품질코스트 항목을 분류하는 모형은 현실적으로 기업들이 가장 많이 사용하는 모형이 PAF 모형이고, ASQ에서도 PAF 모형의 사용을 권장하기 때문에 여기에서도 PAF 모형을 가지고 품질코스트 항목의 표준화를 작성하였다.

예방코스트는 매우 중요시되고 있는 코스트이다. 그러나 품질부서와 엔지니어링에 관계된 코스트를 제외하고는 측정하기가 그리 쉽지 않은 코스트이다. 특히 측정하기 더 어려운 품질코스트는 기회손실 코스트이다. 기회손실코스트는 '숨겨진 실패코스트'와 함께 기업에서 반드시 측정하고 개선하여야 할 중요한 품질코스트 항목들이다.

각 코스트에 대한 정의는 다음과 같다.

① **예방코스트** : 제품 및 서비스의 품질을 개발하고 불량을 사전에 예방하는 품질의 가치 창출 활동에 소요되는 코스트

② **평가코스트** : 품질에 대한 규격 및 성능 요구 사항의 적합성을 보장하기 위해 시행되는 평가활동, 즉 품질에 관한 시험, 검사, 품질감사 등 품질을 평가하는 활동과 관련된 코스트

③ **내부실패코스트** : 품질수준 미달로 조직 내부에서 야기되는 품질 불량손실. 즉 제품 및 서비스를 고객에게 출하하기 이전에 조직 내부에서 발생하는 실패코스트

④ **외부실패코스트** : 품질수준 미달로 고객 불만 등 조직 외부에서 야기되는 품질 불량손실, 즉 제품 및 서비스를 고객에게 출하한 이후에 조직 외부에서 발생하는 실패코스트 또는 제품 및 서비스의 열악한 품질로 인해 기존 거래처의 유지/확대 또는 신규 주문 등의 기회를 상실하는 코스트

다음은 ASQ 및 3개 업종(전기/전자, 기계, 서비스)의 분류한 대분류와 중분류 그리고 소분류로 구분한 품질코스트 항목에 대한 표준화이다.

[표 7-1] ASQ Detailed Description of Quality Cost Element

대분류	중분류	소분류
1. 예방비용	1.1 마케팅/고객/사용자	1.1.1 시장조사
		1.1.2 사용자품질의 탐색·추구
		1.1.3 영업과 관련된 계약 및 서류 심사
	1.2 제품/서비스의 설계 및 개발	1.2.1 설계품질 진도 및 평가
		1.2.2 품질설계의 지원활동
		1.2.3 제품설계의 인정시험
		1.2.4 서비스설계의 검토 및 평가
		1.2.5 현지 적용시험
	1.3 구매	1.3.1 공급자(납품업자) 심사
		1.3.2 공급자의 평가
		1.3.3 구매주문의 기술적 검토
		1.3.4 공급자의 품질계획평가

1. 예방비용	1.4 생산 운영/영업 (제조/서비스)	1.4.1 생산공정(운영과정)의 검토 및 확인
		1.4.2 운영(제조)품질의 계획
		1.4.2.1 품질측정 및 관리장비의 설계/개발
		1.4.3 운영지원활동의 품질계획
		1.4.4 운영요원의 품질교육 및 훈련
		1.4.5 운영요원 SPC/공정관리 교육훈련
	1.5 품질관리/경영	1.5.1 품질경영부서의 인건비
		1.5.2 품질경영부서의 운영경비
		1.5.3 품질프로그램의 계획
		1.5.4 품질에 관한 보고
		1.5.5 구성원의 품질교육 및 훈련
		1.5.6 품질개선 활동
		1.5.7 품질감사
	1.6 기타의 예방비용	-
2. 평가비용	2.1 구매(수입) 활동 평가비용	2.1.1 구입/수입 검사 및 시험
		2.1.2 수입검사 및 시험용 측정기기
		2.1.3 공급자 제품의 인정검사
		2.1.4 공급처 현지 검사 및 감독
	2.2 운영(제조 활동/서비스) 평가비용	2.2.1 제품(서비스)의 검사·시험·평가
		2.2.1.1 품질체크 인건비
		2.2.1.2 제품/서비스 품질 감정
		2.2.1.3 검사 및 시험용 재료비
		2.2.2 검사 및 시험 준비원가
		2.2.3 특수 제조시험
		2.2.4 공정관리 상태의 측정
		2.2.5 실험실 지원활동
		2.2.6 측정시험 및 검사장비
		2.2.6.1 감가상각 충당금
		2.2.6.2 측정장비 운영경비
		2.2.6.3 보전 및 검교정 인건비
		2.2.7 외부의 보증 및 인증원가

<table>
<tr><td rowspan="5">2.
평
가
비
용</td><td rowspan="3">2.3 외부 평가비용</td><td>2.3.1 현지 성능평가</td></tr>
<tr><td>2.3.2 제품품질에 대한 특수 평가</td></tr>
<tr><td>2.3.3 현지 저장품 및 예비품 평가</td></tr>
<tr><td>2.4 시험/검사 데이터의 검토</td><td>-</td></tr>
<tr><td>2.5 기타의 평가비용</td><td>-</td></tr>
<tr><td rowspan="24">3.
내
부
실
패
비
용</td><td rowspan="4">3.1 제품/서비스 설계의 실패비용</td><td>3.1.1 설계변경 및 수정·조처</td></tr>
<tr><td>3.1.2 설계변경으로 인한 재작업</td></tr>
<tr><td>3.1.3 설계변경으로 인한 스크랩</td></tr>
<tr><td>3.1.4 설계부실로 추가된 생산 지원 활동</td></tr>
<tr><td rowspan="5">3.2 구매 관련 실패비용</td><td>3.2.1 구매자재 불합격 처리원가</td></tr>
<tr><td>3.2.2 구매자재 대체원가</td></tr>
<tr><td>3.2.3 공급처에 대한 수정·조처</td></tr>
<tr><td>3.2.4 불량 수입품의 재작업</td></tr>
<tr><td>3.2.5 관리 불충분에 의한 자재 손실</td></tr>
<tr><td rowspan="14">3.3 운영 관련(제품/서비스) 실패비용</td><td>3.3.1 자재의 특채 및 수정조처 원가</td></tr>
<tr><td>3.3.1.1 불량 제품/서비스 처리 원가</td></tr>
<tr><td>3.3.1.2 장애 조정/수리 및 고장분석원가</td></tr>
<tr><td>3.3.1.3 조사활동 지원 원가</td></tr>
<tr><td>3.3.1.4 운영관련 수정·조처</td></tr>
<tr><td>3.3.2 운영관련 재작업 및 수리원가</td></tr>
<tr><td>3.3.2.1 재작업</td></tr>
<tr><td>3.3.2.2 수리작업</td></tr>
<tr><td>3.3.3 재검사 및 재시험 원가</td></tr>
<tr><td>3.3.4 요건 충족을 위한 과외 운영활동</td></tr>
<tr><td>3.3.5 스크랩원가(운영)</td></tr>
<tr><td>3.3.6 제품/서비스의 등급저하 손실</td></tr>
<tr><td>3.3.7 내부 실패 노동손실</td></tr>
<tr><td>3.4 기타의 내부 실패비용</td><td>-</td></tr>
</table>

4. 외부실패비용	4.1 고객의 불만 조사·응대 및 처리비용	-
	4.2 반품으로 인한 손실 비용	-
	4.3 개장(장비개조)비용	-
		4.3.1 회수(리콜)원가
	4.4 배상/보증 원가	-
	4.5 제조물/서비스 책임 비용	-
	4.6 벌과금	-
	4.7 영업권 손실	-
	4.8 판매 기회비용(손실)	-
	4.9 기타의 외부 실패비용	-

[표 7-2] 전기/전자

대분류	중분류	소분류
예방코스트	시장/고객	1. 시장 및 고객 요구 조사 2. 사용 설명 및 소비자 교육 3. 영업 관련 계약/서류 검토
	설계 및 개발	1. 설계 및 개발 지원 활동 2. 설계 검토(DR) 3. 제품 인정 시험 4. 신뢰성 연구 5. 현지 적용 시험
	구매	1. 공급자 지도 2. 공급자 심사 및 평가 3. 구매/외주의 기술적 검토
	공정	1. 공정 개선/혁신 2. 설비 예방보전 3. 공정관리 4. 품질시스템 인증
	품질경영	1. 품질경영 활동 인건비 2. 품질경영 활동 경비 3. 품질경영시스템 계획 4. 품질교육/훈련 5. 품질개선 활동 6. 품질혁신 시스템 7. 품질 컨설팅 8. 품질시스템 평가 및 감사
	기타 예방코스트	

평가코스트	구매	1. 수입 검사 및 시험 2. 수입 검사/시험 측정기기 3. 외주 공정검사
	공정	1. 공정 검사 및 시험 2. 계측기 검교정 3. 검사 설비/기기 유지관리 4. 품질 인증
	출하	1. 제품검사 2. 출하검사
	기타 평가코스트	
내부실패코스트	설계	1. 설계 변경/수정 2. 설계 변경 재작업 3. 설계 변경 폐기
	구매	1. 불량 자재 반품 2. 불량 자재 대체 3. 공급자 시정조치
	공정	1. 자재불량 손실 2. 작업불량 손실 3. 공정불량 손실 4. 시스템 불량 손실 5. 등급저하 손실 6. 재검사/재시험
	기타 내부실패코스트	
외부실패코스트	고객불만 조사 및 처리	1. 불만 조사 2. A/S
	반품	
	리콜	1. 리콜 관련 손실
	클레임	
	PL	
	벌과금	
	기회손실	1. 시스템불량 손실 2. 판매기회 손실 3. 이미지 손실
	기타 외부실패코스트	

[표 7-3] 기계 업종

대분류	중분류	소분류
예방코스트	시장/고객	1. 시장 및 고객요구조사 2. 사용설명 및 소비자 교육 3. 영업관련 계약/서류검토
	설계 및 개발	1. 설계 및 개발 지원 활동 2. 설계검토(DR) 3. 제품 인정 시험 4. 신뢰성연구. 5. 현지 적용시험
	구매	1. 공급자 지도 2. 공급자 심사 및 평가 3. 구매/외주의 기술적 검토
	공정	1. 공정 개선/혁신 2. 설비예방보전 3. 공정관리 4. 품질시스템 인증
	품질경영	1. 품질경영활동 인건비 2. 품질경영활동 경비 3. 품질경영시스템 계획 4. 품질교육/훈련 5. 품질개선 6. 품질혁신시스템 7. 품질 컨설팅 8. 품질시스템 평가 및 감사
	기타 예방코스트	
평가코스트	구매	1. 수입 검사 및 시험 2. 수입 검사/시험 측정기기 3. 외주 공정검사
	공정	1. 공정 검사 및 시험 2. 계측기 검교정 3. 검사 설비/기기 유지관리 4. 품질인증
	출하	1. 제품검사 2. 출하검사 3. 현지 수행평가
	기타 평가코스트	

내부실패코스트	설계	1. 설계 변경/수정 2. 설계 변경 재작업 3. 설계 변경 폐기
	구매	1. 불량자재 반품 2. 불량자재 대체 3. 공급자 시정조치
	공정	1. 자재불량 손실 2. 작업불량 손실 3. 공정불량 손실 4. 시스템불량 손실 5. 등급저하 손실 6. 재검사/재시험
	기타 내부실패코스트	
외부실패코스트	고객불만 조사 및 처리	1. 불만조사 2. A/S
	반품	
	리콜	1. 리콜관련 손실
	클레임	
	PL	
	벌과금	
	기회 손실	1. 시스템불량손실 2. 판매기회손실 3. 이미지손실
	기타 외부실패코스트	

[표 7-4] 서비스 업종

대분류	중분류	소분류
예방코스트	시장/고객	1. 시장조사 2. 고객기대/요구조사 3. 요구자원의 공급 및 수요 예측 4. 영업관련 계약/서류 검토
	설계 및 개발	1. 서비스 설계 및 개발 2. 절차서 개발 및 유지 3. 서비스 설계 인정 시험 4. 과업 준비
	구매	1. 공급자 지도 2. 공급자 심사 및 평가 3. 구매/외주의 기술적 검토
	운영	1. 운영 프로세스 진단 2. 운영 프로세스 품질계획 3. 운영 프로세스 개선/혁신 4. 운영 지원 프로세스 품질계획 5. 운영 지원 프로세스 개선/혁신 6. 운영요원 품질교육 7. 품질시스템 인증
	품질경영	1. 품질경영활동 인건비 2. 품질경영활동 경비 3. 품질경영시스템 계획 4. 품질 및 절차서 교육/훈련 5. 품질개선 6. 품질혁신시스템 7. 품질 컨설팅 8. 품질시스템 평가 및 감사
	기타 예방코스트	
평가코스트	구매	1. 공급 장비 검사 2. 공급 서비스 평가 3. 공급 시스템 평가
	운영	1. 품질 표준 검토 2. 운영 프로세스 검토 3. 측정장비 관리 3. 서비스업무 심사 및 평가 4. 품질인증 5. 시설 안전성 검사
	성과	1. 성과 측정 2. 소비자조사
	기타 평가코스트	

내부실패코스트	설계	1. 서비스 설계 변경/수정 2. 설계 실수 재작업
	구매	1. 공급자 시정조치
	운영	1. 공급 장비 고장 손실 2. 절차 실패 손실 3. 시스템 실패 손실 4. 인적 실패 손실
	기타 내부실패코스트	
외부실패코스트	고객불만 조사 및 처리	1. 불만조사 2. A/S
	반품	
	클레임	
	PL	
	벌과금	
	기회 손실	1. 시스템불량손실 2. 판매기회손실 3. 이미지손실
	기타 외부실패코스트	

1.2 업무의 표준화

일반적으로 표준화됨으로써 기업에 미치는 효과 중의 하나로 기술과 정보의 축적으로 관련 업무가 정착되고 향상되는 것을 들 수 있다. 품질코스트 관리 규정이 있는 기업도 품질코스트시스템을 기업에 정착시키고 활용하기에는 미흡한 형식적인 규정을 가지고 있는 경우가 많다.

기업의 업종이나 규모에 따라서 품질코스트 관리의 체계나 업무절차가 다를 수는 있지만 일반적으로 기업에서 적용하여 활용할 수 있는 품질코스트시스템의 관리표준을 사례로 제시한다. 이 품질코스트 관리 표준에 기업의 특성에 맞는 몇 가지 내용만 추가하거나 대체하여 적용하면 품질코스트의 정보 및 관리의 축적을 이룰 수 있고, 이 품질관리 규정의 유효성 평가를 통하여 품질코스트시스템을 정착시키고 발전시켜 나갈 수가 있다.

품질코스트 관리 규정의 주관 부서도 기업의 품질코스트 도입 목적이나 활용 수준에 따라 다르지만 처음에는 품질 부서에서 주관을 하다가 정착이 되어 갈수록 회계 부서 쪽으로 주관 부서를 바꾸어 나가는 것이 바람직하다.

다음은 일반적인 '품질코스트 관리 규정(안)'을 제시해보기로 한다. 이 관리 규정에 각 기업의 업종이나 규모에 변화시켜 활용하면 품질코스트시스템의 정착과 발전에 많은 도움이 될 것이다.

	경영 기본	표준번호	
		제정일자	
	품질코스트 관리 규정	개정일(차수)	
		페이지	

1. 적용범위
2. 목적
3. 용어의 정의
4. 조직 및 업무분장
5. 품질코스트 관리 프로세스
6. 업무절차
7. 문서 및 기록관리
8. 관련 표준

개 정 이 력		
개정번호	제정, 개정일	주요개정내용

	경영 기본	표준번호	
		제정일자	
	품질코스트 관리 규정	개정일(차수)	
		페이지	

1. 적용범위

이 절차서는 당사의 전 부서에 적용되며, 품질코스트를 산출하여 운영하는 제반사항에 대하여 규정한다.

2. 목적

이 절차서는 당사의 전 부문에서 발생하는 품질코스트를 집계 및 분석을 한 후 지속적인 개선을 통하여 경영에 기여함을 목적으로 한다.

3. 용어의 정의

(1) 예방코스트(Prevention Cost)

제품 및 서비스의 품질을 개발하고 불량을 사전에 예방하는 품질의 가치 창출 활동에 소요되는 일체의 코스트를 말한다.

(2) 평가코스트(Appraisal Cost)

품질에 대한 규격 및 성능 요구 사항의 적합성을 보장하기 위해 시행되는 평가활동, 즉 품질에 관한 시험, 검사, 품질감사 등 품질을 평가하는 활동과 관련된 일체의 코스트를 말한다.

(3) 내부실패코스트(Internal Failure Cost)

품질수준 미달로 조직 내부에서 야기되는 품질불량손실. 즉 제품 및 서비스를 고객에게 출하하기 이전에 조직 내부에서 발생하는 일체의 실패코스트를 말한다.

(4) 외부실패코스트(External Failure Cost)

품질수준 미달로 고객 불만 등 조직 외부에서 야기되는 품질불량손실, 즉 제품 및 서비스를 고객에게 출하한 이후에 조직 외부에서 발생하는 일체의 실패코스트, 또는 제품 및 서비스의 열악한 품질로 인해 기존 거래처의 유지/확대 또는 신규 주문 등의 기회를 상실한 일체의 코스트를 말한다.

4. 조직 및 업무분장

(1) 주관 부서

① 종합 목표 계획 수립

② 종합 집계 및 보고

(2) 전부서

① 각 부서 목표 계획 수립

② 품질코스트 집계 분석 및 개선활동 실시

이 절차서를 효율적으로 운영하기 위한 조직 및 업무분장은 부표1. "품질코스트 추진 조직 및 업무뮤분장"과 같다.

5. 품질코스트 관리 프로세스

이 절차서를 효율적으로 운영하기 위한 품질코스트 관리 프로세스는 부표2. "품질코스트 관리 프로세스"와 같다.

6. 업무절차

(1) 품질코스트 관리 항목 선정

① 품질코스트 주관 부서는 품질코스트 항목을 도출한 후 해당 부서와 협의하여 품질코스트 관리 항목을 선정한다.

② 해당 부서는 품질코스트 항목으로 추가 관리할 필요성이 있는 경우 품질코스트 주관 부서에 선정을 의뢰한다.

(2) 품질코스트 목표(계획)수립

① 품질코스트 주관 부서는 각 해당 부서에서 품질코스트 계획을 접수하여, 종합계획을 수립한다. 품질코스트 주관 부서는 각 해당 부서로부터의 년간 목표를 종합 및 필요시 해당 부서와 조정한다.

② 당사 전 부서는 품질코스트 계획을 수립하여 품질코스트 주관 부서에 제출한다.

(3) 품질코스트 집계

① 품질코스트 항목별 산출기준은 부표3.과 같다.

② 해당 부서는 매월 품질코스트를 집계하여 매 익월 ○○일까지, 계획 대비 실적의 증감요인 분석 및 대책을 수립하여 매 익월 ○○일까지 품질코스트 주관 부서에 통보한다.(별지 양식3-1, 3-2, 3-3)

(4) 품질코스트 분석

① 품질코스트 주관 부서는 각 해당 부서에서 품질코스트 실적 분석을 접수하여, 목표 미달 사유 및 개선(절감) 여지를 분석한다.

② 당사 해당 부서는 품질코스트 실적에 대하여 목표 미달 사유 및 개선(절감) 여지를 분석 후 ○○단위로 품질코스트 주관 부서에 제출한다.

(5) 개선 계획 수립

① 품질코스트 주관 부서는 각 해당 부서에서 ○○단위별로 품질코스트 실적을 접수하여, 목표 미달 사유 및 개선(절감) 여지를 분석 후 ○○단위별로 개선 계획을 수립한다.

② 당사 전 부서는 품질코스트 실적에 대하여 목표 미달 사유 및 개선(절감) 여지를 분석 후 ○○단위별로 개선 계획을 수립하여 품질코스트 주관 부서에 제출한다.

(6) 경영검토

① 품질코스트 주관 부서는 각 해당 부서에서 월/분기별/년간 실적 및 개선 계획을 종합하여 경영자에게 보고한다.

② 당사 각 해당 부서는 월/분기별 및 년간 품질코스트 종합실적 및 개선계획(목표)를 해당 부문 중역에게 보고한다.

(7) 종합 정보 제공

월/분기별 및 년간 품질코스트 종합보고서 및 경영검토 결과를 관련 부분에 피드백하여 목표를 달성할 수 있도록 제공한다.

7. 문서 및 기록관리

① 이 절차서의 제.개정 및 폐기에 관한 사항은 기록관리 절차서(○○○○-○-○○○)에 따른다.

② 이 절차서에 관련하여 산출되는 기록의 보존연한은 다음과 같다.

양식명	양식번호	보관부서	보관연한	보존연한

8. 관련표준

① ○○○규정(○○○○-○-○○○)

② ○○○규정(○○○○-○-○○○)

③ ○○○규정(○○○○-○-○○○)

	경영 기본	표준번호	
		제정일자	
	품질코스트 관리 절차서	개정일(차수)	
		페이지	

부표1. 품질코스트 추진 조직의 구성 및 기능

조직	구성	기능	비고
TOP │ 주관부서 │ 관련부서	· 추진위원장: 대표이사 · 추진위원: 발생부서 팀장 및 관련부서 팀장 · 추진간사: 품질코스트 주관 부서장	· 년도 방침 설정 · 품질코스트 추진계획 승인	
	· 품질코스트 주관 부서장	· 년도 추진방향 설정 · 전사 목표 및 계획 수립 및 보고 · 관련부서 통보 코스트 전사집계 · 전사 목표대비 실적분석 · 관련부서 및 발생부서와 협의 원인분석 및 개선책 수립 · 개선실시 사항 실적집계 · 품질경영 기획비 실적집계 · 평가코스트 중 검사비, 인증비 실적집계 · 실패코스트 중 재검사비 실적집계 · 집계된 공통코스트 해당부서 배분 · 품질코스트 관리실적 TOP보고 실시 · 동종사 실적 벤치마킹	
	· 관련부서 공통	· 부문별 품질코스트 년간목표 설정 · 부문별 품질코스트 집계 주관부서 통보 · 주관부서 및 발생부서와 협의 원인분석 및 개선대책 수립 · 부문별 개선실적 집계 주관부서 통보	
	· 인재개발원 QM담당자	· 품질경영 교육비 실적집계 통보	
	· 업무혁신팀 QM담당자	· 품질경영 활동비 실적집계 통보	
	· 생산공정팀 QM담당자	· 고철 수입 검사비 실적집계 통보 · SCRAP DOWN, 등급저하, 재작업비, 유실비 실적 집계통보	
	· 영업관리팀 QM담당자	· CLAIM비, 영업손비 실적집계 통보	
	· 인사팀 QM담당자	· 직급별 임율 산정 관련부서 통보	
	· 총무팀 QM담당자	· 품질경영 관련 출장비 실적 집계 통보	
	· 제품출하팀 QM담당자	· CLAIM비 중 운송비 실적집계 통보	
	· 전부서(발생부서)	· 부서(팀)별 관리항목 및 목표설정 · 실적집계 및 관련부서 송부 · 문제점 개선대책 수립 및 실시	

	경영 기본	표준번호	
		제정일자	
	품질코스트 관리 절차서	개정일(차수)	
		페이지	

부표2. 품질코스트 관리 프로세스

구분	TOP	품질코스트주관부서	관련부서	발생부서	관련표준
계획					· 품질코스트 관리절차서
실시					관리항목 ① 예방코스트 ② 평가코스트 ③ 내·외부 실패코스트 ④ 품질코스트구성비 ⑤ 제조원가 구성비 ⑥ 매출액 구성비
평가					
조치					

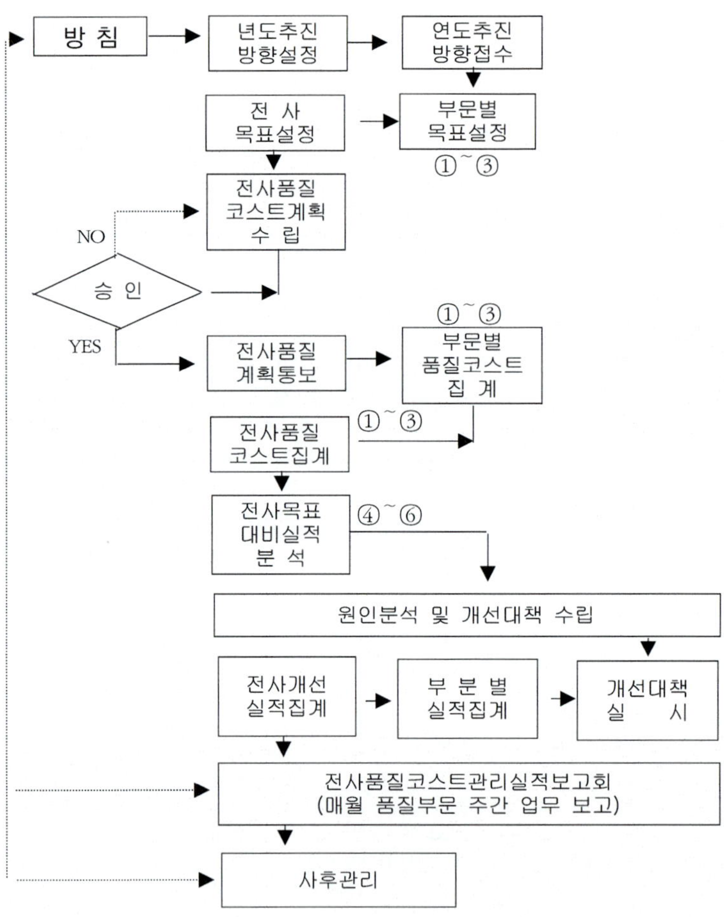

	경영 기본	표준번호	
		제정일자	
	품질코스트 관리 절차서	개정일(차수)	
		페이지	

부표3. 품질코스트 항목별 산출기준

대분류	중분류	소분류	산출항목	산출기준	관련부서
1. 예방비용	1.1 마케팅/고객 /사용자	1.1.1 시장조사			
		1.1.2 사용자품질의 탐색·추구			
		1.1.3 영업과 관련된 계약 및 서류 심사			
	1.2 제품/서비스의 설계 및 개발	1.2.1 설계품질 진도 및 평가			
		1.2.2 품질설계의 지원활동			
		1.2.3 제품설계의 인정시험			
		1.2.4 서비스설계의 검토 및 평가			
		1.2.5 현지 적용시험			
	1.3 구매	1.3.1 공급자(납품업자) 심사			
		1.3.2 공급자의 평가			
		1.3.3 구매주문의 기술적 검토			
		1.3.4 공급자의 품질계획평가			
	1.4 생산운영/영업 (제조/서비스)	1.4.1 생산공정(운영과정)의 검토 및 확인			
		1.4.2 운영(제조)품질의 계획			
		1.4.2.1 품질측정 및 관리장비의 설계/개발			
		1.4.3 운영지원활동의 품질계획			
		1.4.4 운영요원의 품질교육 및 훈련			
		1.4.5 운영요원 SPC/공정관리 교육훈련			
	1.5 품질관리/경영	1.5.1 품질경영부서의 인건비			
		1.5.2 품질경영부서의 운영경비			
		1.5.3 품질프로그램의 계획			
		1.5.4 품질에 관한 보고			
		1.5.5 구성원의 품질교육 및 훈련			
		1.5.6 품질개선 활동			
		1.5.7 품질감사			
	1.6 기타의 예방비용	-			

2. 평가비용	2.1 구매(수입) 활동 평가비용	2.1.1 구입/수입 검사 및 시험			
		2.1.2 수입검사 및 시험용 측정기기			
		2.1.3 공급자 제품의 인정검사			
		2.1.4 공급처 현지 검사 및 감독			
	2.2 운영(제조 활동/서비스) 평가 비용	2.2.1 제품(서비스)의 검사·시험·평가			
		2.2.1.1 품질체크 인건비			
		2.2.1.2 제품/서비스 품질 감정			
		2.2.1.3 검사 및 시험용 재료비			
		2.2.2 검사 및 시험 준비원가			
		2.2.3 특수 제조시험			
		2.2.4 공정관리 상태의 측정			
		2.2.5 실험실 지원활동			
		2.2.6 측정시험 및 검사장비			
		2.2.6.1 감가상각 충당금			
		2.2.6.2 측정장비 운영경비			
		2.2.6.3 보전 및 검교정 인건비			
		2.2.7 외부의 보증 및 인증원가			
	2.3 외부 평가 비용	2.3.1 현지 성능평가			
		2.3.2 제품품질에 대한 특수 평가			
		2.3.3 현지 저장품 및 예비품 평가			
	2.4 시험/검사 데이터의 검토	-			
	2.5 기타의 평가비용	-			
	3.1 제품/서비스 설계의 실패비용	3.1.1 설계변경 및 수정·조처			
		3.1.2 설계변경으로 인한 재작업			
		3.1.3 설계변경으로 인한 스크랩			
		3.1.4 설계부실로 추가된 생산 지원 활동			

3. 내부실패비용	3.2 구매 관련 실패비용	3.2.1 구매자재 불합격 처리원가			
		3.2.2 구매자재 대체원가			
		3.2.3 공급처에 대한 수정·조처			
		3.2.4 불량 수입품의 재작업			
		3.2.5 관리 불충분에 의한 자재 손실			
	3.3 운영관련 (제품/서비스) 실패비용	3.3.1 자재의 특채 및 수정조처 원가			
		3.3.1.1 불량 제품/서비스 처리 원가			
		3.3.1.2 장애 조정/수리 및 고장 분석원가			
		3.3.1.3 조사활동 지원 원가			
		3.3.1.4 운영관련 수정·조처			
		3.3.2 운영관련 재작업 및 수리원가			
		3.3.2.1 재작업			
		3.3.2.2 수리작업			
		3.3.3 재검사 및 재시험 원가			
		3.3.4 요건 충족을 위한 과외 운영 활동			
		3.3.5 스크랩원가(운영)			
		3.3.6 제품/서비스의 등급저하 손실			
		3.3.7 내부 실패 노동손실			
	3.4 기타의 내부 실패비용	-			
4. 외부실패비용	4.1 고객의 불만 조사·응대 및 처리비용	-			
	4.2 반품으로 인한 손실비용	-			
	4.3 개장(장비개조) 비용	-			
		4.3.1 회수(리콜)원가			
	4.4 배상/보증원가	-			
	4.5 제조물/서비스 책임비용	-			
	4.6 벌과금	-			
	4.7 영업권 손실	-			
	4.8 판매기회 비용(손실)	-			
	4.9 기타의 외부 실패비용	-			

	경영 기본	표준번호	
		제정일자	
	품질코스트 관리 절차서	개정일(차수)	
		페이지	

양식 3-1 OO월 품질코스트 계획 대비 실적표 (월별 분기별)

구분	1/4 분기				2/4 분기				3/4 분기				4/4 분기				년계
	1월	2월	3월	분기계	4월	5월	6월	분기계	7월	8월	9월	분기계	10월	11월	12월	분기계	
매출액																	
제조원가																	
1.0 예방코스트 1.1 마케팅/고객/사용자 1.2 제품/서비스의 설계 및 개발 1.3 구매 1.4 생산운영/영업(제조/서비스) 1.5 품질관리/경영 1.6 기타의 예방비용																	
소계																	
2.0 평가코스트 2.1 구매(수입) 활동 2.2 운영(제조활동/서비스) 2.3 외부 평가 2.4 시험/검사 데이터의 검토 2.5 기타의 평가비용																	
소계																	
3.0 내부 실패코스트 3.1 제품/서비스 설계의 실패비용 3.2 구매 관련 실패비용 3.3 운영 관련(제품/서비스) 실패비용 3.4 기타의 내부 실패비용																	
소계																	
4.0 외부 실패코스트 4.1 고객의 불만 조사·응대 및 처리비용 4.2 반품으로 인한 손실 비용 4.3 개장(장비 개조) 비용 4.4 배상/보증 원가 4.5 제조물/서비스 책임 비용 4.6 벌과금 4.7 영업권 손실 4.8 판매 기회비용(손실) 4.9 기타의 외부 실패비용																	
소계																	
품질코스트 합계																	

	경영 기본	표준번호	
		제정일자	
	품질코스트 관리 절차서	개정일(차수)	
		페이지	

양식 3-2 OO월 품질코스트 계획 대비 실적표

구분		계획(예산)		실적		차이		비고
		금액(원)	점유율(%)	금액(원)	점유율(%)	금액(원)	점유율(%)	
매출액								
제조원가								
1.0 예방코스트 1.1 마케팅/고객/사용자 1.2 제품/서비스의 설계 및 개발 1.3 구매 1.4 생산운영/영업(제조/서비스) 1.5 품질관리/경영 1.6 기타의 예방비용								
소계								
2.0 평가코스트 2.1 구매(수입) 활동 2.2 운영(제조활동/서비스) 2.3 외부 평가 2.4 시험/검사 데이터의 검토 2.5 기타의 평가비용								
소계								
3.0 내부 실패코스트 3.1 제품/서비스 설계의 실패비용 3.2 구매 관련 실패비용 3.3 운영 관련(제품/서비스) 실패비용 3.4 기타의 내부 실패비용								
소계								
4.0 외부 실패코스트 4.1 고객의 불만 조사·응대 및 처리비용 4.2 반품으로 인한 손실 비용 4.3 개장(장비 개조) 비용 4.4 배상/보증 원가 4.5 제조물/서비스 책임 비용 4.6 벌과금 4.7 영업권 손실 4.8 판매 기회비용(손실) 4.9 기타의 외부 실패비용								
소계								
품질코스트합계								
점유율	품질코스트/제조원가							
	품질코스트/매출액							

	경영 기본	표준번호	
		제정일자	
	품질코스트 관리 절차서	개정일(차수)	
		페이지	

양식 3-3 OO월 품질코스트 종합 실적표

구분	계 획 (예 산)		실 적		차이 (백만원)	비 고
	금액(백만원)	점유율(%)	금액(백만원)	점유율(%)		
매출액						
제조원가						
예방코스트						
평가코스트						
사내실패코스트						
사외실패코스트						
품질코스트합계						

Chapter **8**

품질코스트 추진 실무 및 사례

1. 품질코스트 관리체계(QCMS) 구축 방법
2. 품질코스트 진단 모델(ASQ)
3. 품질코스트 관리사이클
4. 품질코스트 관리 System 점검 Check List
5. 품질코스트 시스템 구축 단계별 추진내용
6. 추진사례

Q-COST

&

COPQ

1 품질코스트 관리체계(QCMS) 구축 방법

1.1 QCMS의 정의

- 기업 활동에 있어서 품질(광의의 품질 : 업무의 질적 측면 포함)로 인해 발생되는,
  - 활동 항목을 도출하여 비용화하고,
  - 발생 비용의 최적화를 위한 개선 활동의 추진
- 이를 위한 관리조직, 비용 집계 및 분석 SYSTEM을 구축하여 경영자가 품질정책수립과 자원투입을 위한 의사 결정용 정보로서의 활용으로,
  - 고객 만족도 향상과 경영 이익의 극대화를 위한 중요한 관리 시스템임

1.2 QCMS 구축 추진 배경

- 국내외 시장의 경쟁이 갈수록 심화되고 있는 상황에서,
  - 낭비적이고 비효율적인 부분의 도출 및 개선을 통한 경영 목표의 달성이 필수적임.
    이를 위해서는 QCMS 구축을 통해 기지 또는 미지의 부적합한 부분을 발굴
    하여 비용화 하고 이를 최소화하기 위해
  - 개선 TFT의 활동으로 연계시켜
  - LOSS 부분을 과감히 제거토록 하는 개선시스템과 연계한 QCMS의 확보가 필요함

1.3 QCMS 구축 필요성 및 목표

필요성	System 구축 방안	개선활동	목표
• 품질코스트 발생 규모 및 원인 파악 • 개선 활동과 연계하여 원가절감 추구 → 6시그마 등과 같은 경영혁신 활동과 연계하여 실패비용의 최소화 • 품질경영 정책수립 및 의사결정 정보제공	• System 구축 단계 1) 1차년도 → 진단 → 시범사업부 추진 2) 2차년도 → 전 사업부 확대 적용 • 전사적 품질코스트 관리 체계 구축 → 품질비용집계 · 분석 관리 System개발 → 경영자 정보 활용 System 개발 → 품질비용 개선 System 구축	• 실패비용의 최소화 → 6시그마혁신 활동 분임조, 제안, TFT 등의 COPQ 개선 Theme로 활용 • 예방 및 평가비용의 최적화를 위한 관리 지표 개발 → 예방 및 재발방지 활동 체계 구축 · 운영	• 전사품질 코스트 관리 System 구축 및 운영 성과 도출

1.4 QCMS 추진

1) 추진 방향

- 전사 대상 품질비용 관리시스템 도입 · 적용
- 관리항목, 조직 및 프로세스 등 QCMS를 위한 기반 구축
- 원가 회계관리 시스템을 이용한 집계 · 분석 및 검증으로 관리주기 단축 및 신뢰성 확보
- 경영자 정보를 통한 의사결정 정보의 제공
- 품질비용 최적화와 실패비용 최소화를 위한 개선활동 연계체계 구축으로 COPQ 등의 대응력 강화

SYSTEM 구축 및 활용 FLOW

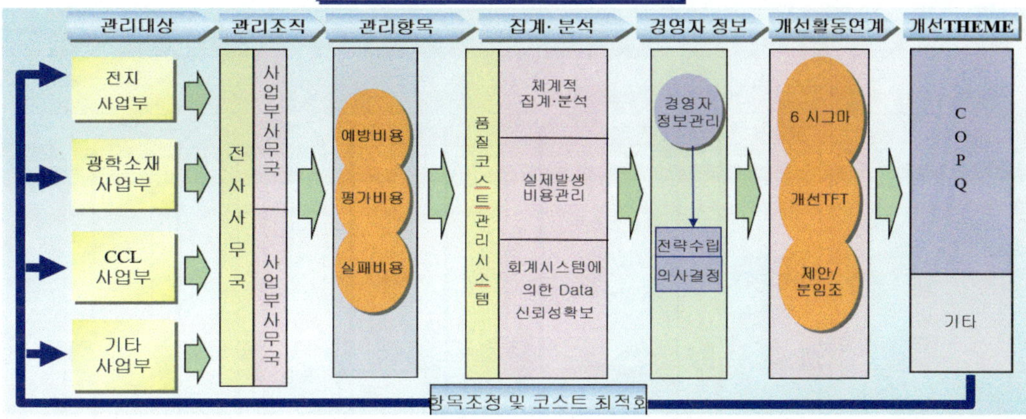

2) 단계별 추진 계획

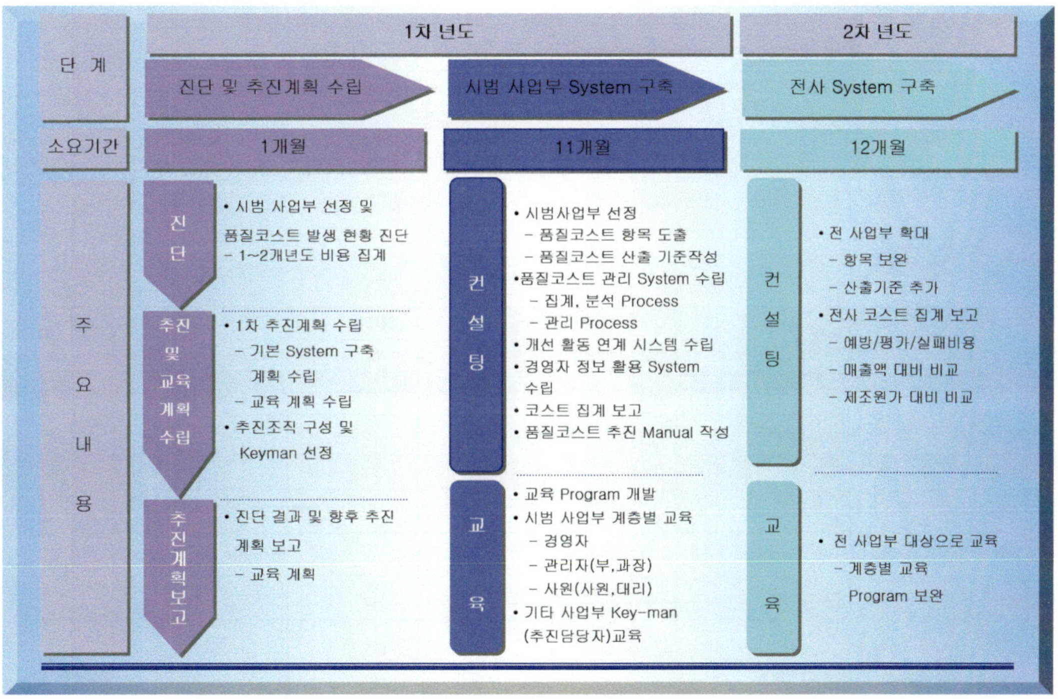

3) 1차년도 추진단계별 세부 내용(시범사업부만 추진)

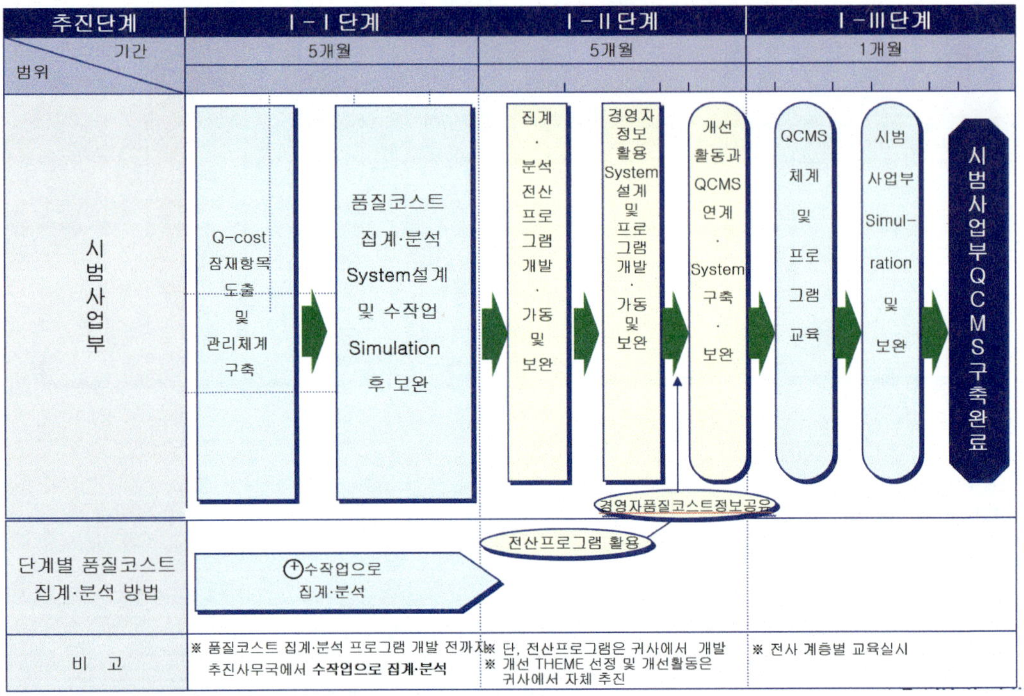

1.5 추진일정

주요추진항목	추진부서		2024				2025				비 고
	주관부서	관련부서	3	6	9		3	6	9		
▣ 품질코스트 항목 도출	사무국	해당부서			—						
▣ 산출근거 및 원단위 기준 설정	사무국	해당부서			—						
▣ 집계,분석시스템의 구축	사무국	해당부서				—					
▣ 연간 품질코스트 예산수립 및 실적관리	사무국	해당부서				—					
▣ 개선활동과 연계한 개선시스템의 구축	사무국	해당부서					—	—			
▣ 품질코스트 개선실적의 발굴	사무국	해당부서					—	—			
▣ 성과에 대한 보상체계의 구축	사무국	해당부서						—			
▣ 통합전산관리 시스템상의 중역 정보관리 시스템 (EIMS) 항목에 반영하여 의사 결정 자료화 방안 강구	사무국	해당부서					—	—			
▣ 품질코스트 관리 절차서 및 사용매뉴얼의 작성, 배포	사무국	해당부서						—			
▣ 사용매뉴얼에 의한 SIMULATION으로 보완, 개선	사무국	해당부서						—			
▣ 사후 관리	사무국	해당부서						—	—	—	

1.6 기대효과

대내적 효과

- 전사적 품질코스트 관리 체계 구축·운영 및 개선활동의 활성화
  - ⇒ 예방 및 재발방지 활동 강화로 최적 업무 프로세스 구축·운영
  - ⇒ 품질코스트 예산관리 제도 운영으로 직·간접부문의 원가 절감
- 6시그마 추진 시 COPQ의 분석에 대한 신뢰성 있는 Data 확보로 개선 Theme 제공과 부서별 원가절감 목표 수립 용이

대외적 효과

- 최적 품질코스트 관리 체계 구축 및 그에 따른 QCD 개선으로,
  - ⇒ 제품품질 및 신뢰도 향상
  - ⇒ 고객만족도 향상

2 품질코스트 진단 모델(ASQ)

2.1 COPQ 진단 모델 개요

본 COPQ 진단 모델은 품질경영 추진 결과를 재무성과와 연계하여 COQ(Cost Of Quality) 시스템 및 평가항목의 충실도를 평가하기 위한 지표로 개발하였다.

1) COPQ 진단모델의 유형

ASQ에서 제시한 항목에 대하여 예방비용, 평가비용, 실패비용, 기회손실비용 항목별로 평가하기 위한 관점으로 구성

2) 진단 지표의 요건 확보

COPQ 진단모델을 구성하고 있는 진단 범주별 세부 평가항목들은 측정 도구의 기본원칙인 신뢰성(Reliability)과 타당성(Validity)을 고려하였다.

▎신뢰성

신뢰성의 확보를 위하여 동일한 평가항목에 대한 다수 평가자의 주관적 판단에 의해 발생할 수 있는 편차를 최소화하여야 한다. 이를 위해 본 진단 지표는 가능한 한 설문 문항별 평가 선택(A, B, C, D, E)의 구성에 있어서 애매하게 구별이 안 되는 것을 지양하였으며 아울러 가급적 자료나 실적 데이터를 최대한 반영함으로써 평가의 용이성과 객관성을 향상시켰다.

▎타당성

각 진단항목의 구성이 COPQ를 평가하기에 적절한가의 문제로서 수차례 검증한 결과와 그동안의 경험을 토대로 평가항목의 타당성을 확보하였다.

3) COPQ 진단모델 평가결과 수준

점수대	수준	내용
0~ 250	1	평가 범주의 요구사항들에 부응하는 시스템을 개발하고 실행에 옮기는 초기단계이다. 대부분의 평가범주에있어서 중요한 결함들이 존재한다.
251~300	2	평가범주의 기본적 목적에 맞도록 체계적 접근을 하는 초기단계이나, 몇몇 평가범주에서시스템과 전개에 주요한 결함들이 존재한다. 현재의 시스템을 통해 성과를 얻는 초기단계이다,
351~400	3	대다수 평가범주의기본적 목적에 맞도록 체계적인 접근을 하고 있으나, 몇몇 핵심적인 평가항목에 대한 전개는 성과를 나타내기에는 너무 이르다. 핵심적 평가항목들에 관계되는 몇몇 중요한 평가항목에 있어서 초기 개선경향이 나타나고 있다.
451~550	4	많은 평가범주들에대해 효과적인 시스템이 사용되고 있으나, 일부 평가항목에 대한 전개는 아직 초기단계에 머무르고 있다. 통합성, 연속성, 성숙성을 입증하기 위해서는 보다 심도있는 전개와 평가/개선 및 성과가 필요하다.
551~650	5	많은 평가범주들에 부응하는 건전하고도 체계적인 접근방법과 아울러 핵심적 평가항목에서 사실에 기반을 둔 개선 프로세스가 실행되고 있다. 전개에 있어서도 크게 부족한 부분이 없다. 중요한 대부분의 평가항목에 있어서 개선 또는 좋은 성과가 나타나고 있다.
651~750	6	대부분의 평가범주에서핵심적인 측정지표들이 사용되고 있으며, 전개와 성과도 좋다. 몇몇 탁월한 활동과 결과들이 분명히 보인다. 많은 평가항목에서 연속성과 성숙성을 보여 주는 좋은 증거들이 있다. 보다 심도 있는 전개와 통합의 기반이 확립되어 있으며, 아마도 몇몇 평가항목에 있어서는 업계 최고 또는 선도 벤치마킹이 되고 있다.
751~875	7	대부분의 평가범주에서 세련된 접근, 탁월한 전개, 매우 우수한 개선과 수준이 입증되고 있다. 또한 통합의 정도도 매우 우수하다. 업계 최고수준으로서 여러 영역에서 선도 벤치마크가 되고 있다.
876~1,000	8	탁월한 접근방법, 충분한 전개, 뛰어나면서도 지속가능한 성과를 보이고 있다. 통합과 성숙의 정도가 탁월하며, 국내에서 뿐 아니라 세계적 리더십을 확보하고 있다.

2.2 COPQ 진단모델 – ASQ

1) COPQ 진단 지수의 특징

▌평가 방법

<table>
<tr><th>구분</th><th>E(0~20%)</th><th>D(20~40%)</th><th>C(40~60%)</th><th>B(60~80%)</th><th>A(80~100%)</th></tr>
<tr><td rowspan="2">시스템</td><td>없음</td><td>시스템화
미흡</td><td>보통
(문제 대응 수준)</td><td>우수
(경쟁회사
비교 우수)</td><td>탁월
(예방강조)</td></tr>
<tr><td></td><td></td><td></td><td></td><td></td></tr>
<tr><td rowspan="2">전개</td><td>미실시</td><td colspan="2">일부 실시</td><td>핵심부문실시</td><td>해당 전 부문
실시</td></tr>
<tr><td></td><td colspan="2"></td><td></td><td></td></tr>
<tr><td rowspan="2">실행</td><td>실적 없음</td><td>실행계획수립</td><td>1년 이상</td><td>2년 이상</td><td>3년 이상</td></tr>
<tr><td></td><td></td><td></td><td></td><td></td></tr>
<tr><td rowspan="2">평가/개선</td><td>실적 없음</td><td>평가/개선
계획 수립</td><td>일부
평가/개선</td><td>핵심부문
평가/개선</td><td>해당 전 부문
평가/개선</td></tr>
<tr><td></td><td></td><td></td><td></td><td></td></tr>
</table>

※ 산출방식 : (시스템+전개+실행+평가/개선) ÷ 4 → 배점 × 해당 점수

주] 평가자의 판단에 따라서 해당 사항 없을 경우 제외하고 계산

- 구분(시스템, 전개, 실행, 평가/개선)별 해당 사항만 계산 : N개
- 평가항목이 회사에 적용하기 어려울 경우는 제외

2.3 COPQ 진단 지수의 평가표

1) 총괄표

구분	항목	배점	점수
1. 예방비용	1.1 마케팅, 고객 및 사용자	30	
	1.2 제품/서비스의 설계 및 개발	50	
	1.3 구매	40	
	1.4 생산운영/영업(제조/서비스)	50	
	1.5 품질관리/운영	70	
	1.6 기타 예방비용	10	
	소계	250	0
2. 평가비용	2.1 구매(수입) 활동과 관련	40	
	2.2 운영(제조활동/서비스)	90	
	2.3 외부평가	30	
	2.4 시험 및 검사데이터	10	
	2.5 기타 평가비용	10	
	소계	180	0
3. 내부실패비용	3.1 제품/서비스 설계	80	
	3.2 구매	100	
	3.3 운영(제품/서비스)	140	
	3.4 기타 내부실패비용	10	
	소계	330	0
4. 외부실패비용	4.1 고객불만조사, 응대 및 처리비용	30	
	4.2 반품으로 인한 손실비용	30	
	4.3 개장(장비개조) 비용	30	
	4.4 배상/보증 비용	30	
	4.5 제조물/서비스 책임 비용	30	
	4.6 벌과금	30	
	4.7 영업권 손실	30	
	소계	240	0
합 계		1000	0

2) 상세표

구분	항목	진단항목	배점	점수	현지평점
1. 예방 비용	1.1 마케팅 고객 및 사용자	시장조사	10		A B C D E
		사용자 품질의 탐색 추구	10		A B C D E
		영업과 관련된 계약 및 서류 심사	10		A B C D E
		소 계	30	0	
	1.2 제품/서비스의 설계 및 개발	설계품질 진도 및 평가	20		A B C D E
		품질 설계의 지원 활동	10		A B C D E
		제품설계의 인정시험	10		A B C D E
		서비스 설계의 검토 및 평가	10		A B C D E
		현지 적용시험	10		A B C D E
		소 계	50	0	
	1.3 구매	공급자(납품업자) 심사	10		A B C D E
		공급자의 평가	10		A B C D E
		구매 주문의 기술적 검토	10		A B C D E
		공급자의 품질계획 평가	10		A B C D E
		소 계	30	0	
	1.4 생산 운영/영업 (제조/서비스)	생산공정(운영과정)의 검토,확인	10		A B C D E
		운영(제도) 품질 계획	10		A B C D E
		품질측정 및 관리장비 설계/개발	10		A B C D E
		운영지원 활동의 품질계획	10		A B C D E
		운영요원 SPC/공정관리 교육 훈련	10		A B C D E
		소 계	50	0	
	1.5 품질 관리 /운영	품질경영부서의 인건비	10		A B C D E
		품질경영부서의 운영경비	10		A B C D E
		품질프로그램의 계획	10		A B C D E
		품질에 관한 보고	10		A B C D E
		구성원의 품질 교육 훈련	10		A B C D E
		품질개선 활동	10		A B C D E
		품질감사	10		A B C D E
		소 계	70	0	
	1.6 기타 평가 비용	상기 항목 이외의 평가비용	10		A B C D E
		소 계	10	0	

2. 평가 비용	2.1 구매(수입) 활동과 관련	구입/수입 검사 및 시험	10		A B C D E
		수입검사 및 시험용 측정기기	10		A B C D E
		공급자 제품의 인정검사	10		A B C D E
		공급처 현지 검사 및 감독	10		A B C D E
		소 계	40	0	
	2.2 운영(제조활동/서비스)	제품(서비스)의 검사, 시험, 평가	20		A B C D E
		검사 및 시험 준비비용	10		A B C D E
		특수 제조 시험	10		A B C D E
		공정관리 상태의 측정	10		A B C D E
		실험실 지원활동	10		A B C D E
		측정시험 및 검사장비	20		A B C D E
		외부의 보증 및 인증비용	10		A B C D E
		소 계	90	0	
	2.3 외부평가	현지 성능평가	10		A B C D E
		제품품질에 대한 특수평가	10		A B C D E
		보전 및 검교정 인건비	10		A B C D E
		소 계	30	0	
	2.4 시험 및 검사데이터	시험 및 검사데이터의 검토	10		A B C D E
		소 계	10	0	
	2.5 기타 평가비용	상기 평가비용 항목 이외의 평가비용	10		A B C D E
		소 계	10	0	
3. 내부 실패비용	3.1 제품/서비스 설계	설계변경 및 수정, 조치	20		A B C D E
		설계변경으로 인한 재작업	20		A B C D E
		설계변경으로 인한 스크랩	20		A B C D E
		설계부실로 추가된 생산 지원 활동	20		A B C D E
		소 계	80	0	
	3.2 구매	구매자재 불합격 처리비용	20		A B C D E
		구매자재 대체비용	20		A B C D E
		공급처에 대한 수정, 조치	20		A B C D E
		불량 수입품의 재작업	20		A B C D E
		관리 불충분에 의한 자재 손실	20		A B C D E
		소 계	100	0	
	3.3 운영(제품/서비스)	자재의 특채 및 수정조치 비용	20		A B C D E
		운영관련 재작업 및 수리비용	20		A B C D E
		재검사 및 재시험 비용	20		A B C D E
		요건 충족을 위한 과외 운영 활동	20		A B C D E
		스크랩비용(운영)	20		A B C D E
		제품/서비스의 등급저하 손실	20		A B C D E
		내부 실패 노동손실	20		A B C D E
		소 계	140	0	

	3.4 기타 내부실패비용	상기 내부실패비용 항목 이외의 내부실패비용	10		A B C D E
		소 계	10	0	
4. 외부실패비용	4.1 고객불만조사, 응대 및 처리비용	고객의 불만조사(응대 및 처리비용)	30		A B C D E
		소 계	30	0	
	4.2 반품으로 인한 손실비용	반품으로 인한 손실비용	30		A B C D E
		소 계	30	0	
	4.3 개장(장비개조) 비용	개장(장비 수정/변경 및 개조) 비용	30		A B C D E
		회수(리콜) 비용	30		A B C D E
		소 계	60	0	
	4.4 배상/보증 비용	배상/보증 비용	30		A B C D E
		소 계	30	0	
	4.5 제조물/서비스 책임	제조물/서비스 책임비용	30		A B C D E
		소 계	30	0	
	4.6 벌과금	벌과금	30		A B C D E
		소 계	30	0	
	4.7 영업원 손실	영업권 손실	30		A B C D E
		소 계	30	0	
합 계			1000	0	

2.4 품질비용 항목별 진단 설문

1) 예방비용에 대한 해당 업무 표준의 보유 여부 및 품질비용 항목으로의 반영

① 마케팅, 고객 및 사용자와 관련한 업무 및 그에 따른 예방비용 항목

번호	업무 분류	해당표준 보유여부	항목반영수준				
			A	B	C	D	E
1	1) 시장조사	Y, N					
2	2) 사용자 품질의 탐색 추구	Y, N					
3	3) 영업과 관련된 계약 및 서류 심사	Y, N					

② 제품/서비스의 설계 및 개발과 관련한 업무 및 그에 따른 예방비용 항목

번호	업무 분류	해당표준 보유여부	항목반영수준				
			A	B	C	D	E
4	1) 설계품질 진도 및 평가`	Y, N					
5	2) 품질 설계의 지원 활동	Y, N					
6	3) 제품설계의 인정시험	Y, N					
7	4) 서비스 설계의 검토 및 평가	Y, N					
8	5) 현지 적용시험	Y, N					

③ 구매 관련한 업무 및 그에 따른 예방비용 항목

번호	업무 분류	해당표준 보유여부	항목반영수준				
			A	B	C	D	E
9	1) 공급자(납품업자) 심사	Y, N					
10	2) 공급자의 평가	Y, N					
11	3) 구매 주문의 기술적 검토	Y, N					
12	4) 공급자의 품질계획 평가	Y, N					

④ 생산운영/영업(제조/서비스)와 관련한 업무 및 그에 따른 예방비용 항목

번호	업무 분류	해당표준 보유여부	항목반영수준				
			A	B	C	D	E
13	1) 생산공정(운영과정)의 검토 및 확인	Y, N					
14	2) 운영(제조) 품질의 계획	Y, N					
15	3) 품질측정 및 관리 장비의 설계/개발	Y, N					
16	4) 운영 지원활동의 품질계획	Y, N					
17	5) 운영요원 SPC/공정관리 교육 훈련	Y, N					

⑤ 품질관리/운영과 관련한 업무 및 그에 따른 예방비용 항목

번호	업무 분류	해당표준 보유여부	항목반영수준				
			A	B	C	D	E
18	1) 품질경영부서의 인건비	Y, N					
19	2) 품질경영부서의 운영경비	Y, N					
20	3) 품질프로그램의 계획	Y, N					
21	4) 품질에 관한 보고	Y, N					
22	5) 구성원의 품질교육 및 훈련	Y, N					
23	6) 품질개선 활동	Y, N					
24	7) 품질감사	Y, N					

⑥ 기타의 예방비용과 관련한 업무 및 그에 따른 예방비용 항목
(☞ 해당업무명과 항목명을 기입하여 주십시오)

번호	업무 분류	해당표준 보유여부	항목반영수준				
			A	B	C	D	E
25	1~24번 이외의 예방비용 항목	Y, N					

2) 평가비용에 대한 해당 업무 표준의 보유 여부 및 품질비용 항목으로의 반영

① 구매(수입)활동과 관련한 업무 및 그에 따른 평가비용 항목

번호	업무 분류	해당표준 보유여부	항목반영수준				
			A	B	C	D	E
26	1) 구입/수입 검사 및 시험	Y, N					
27	2) 수입검사 및 시험용 측정기기	Y, N					
28	3) 공급자 제품의 인정검사	Y, N					
29	4) 공급처 현지 검사 및 감독	Y, N					

② 운영(제조활동/서비스)와 관련한 업무 및 그에 따른 평가비용 항목

번호	업무 분류	해당표준 보유여부	항목반영수준				
			A	B	C	D	E
30	1) 제품(서비스)의 검사·시험·평가	Y, N					
30-1	1 품질체크 인건비	Y, N					
30-2	2 제품/서비스 품질 감정	Y, N					
30-3	3 검사 및 시험용 재료비	Y, N					
31	2) 검사 및 시험 준비비용	Y, N					
32	3) 특수 제조시험	Y, N					
33	4) 공정관리 상태의 측정	Y, N					
34	5) 실험실 지원활동	Y, N					
35	6) 측정시험 및 검사장비	Y, N					
35-1	1 감가상각 충당금	Y, N					
35-2	2 측정장비 운영경비	Y, N					
35-5	3 보전 및 검교정 인건비	Y, N					
36	7) 외부의 보증 및 인증비용	Y, N					

③ 외부평가와 관련한 업무 및 그에 따른 평가비용 항목

번호	업무 분류	해당표준 보유여부	항목반영수준				
			A	B	C	D	E
37	1) 현지 성능평가	Y, N					
38	2) 제품품질에 대한 특수평가	Y, N					
39	3) 보전 및 검교정 인건비	Y, N					

④ 시험 및 검사데이터의 검토와 관련한 업무 및 그에 따른 평가비용 항목
(☞ 해당업무명과 항목명을 기입하여 주십시오)

번호	업무 분류	해당표준 보유여부	항목반영수준				
			A	B	C	D	E
40	1) 시험 및 검사 데이터의 검토	Y, N					

⑤ 기타의 평가비용과 관련한 업무 및 그에 따른 평가비용 항목
(☞ 해당업무명과 항목명을 기입하여 주십시오)

번호	업무 분류	해당표준 보유여부	항목반영수준				
			A	B	C	D	E
41	25~40번 이외의 평가비용 항목	Y, N					

3) 부실패비용에 대한 업무표준의 보유 여부 및 품질비용 항목으로의 반영

① 제품/서비스 설계와 관련한 업무 및 그에 따른 내부실패비용 항목

번호	업무 분류	해당표준 보유여부	항목반영수준				
			A	B	C	D	E
42	1) 설계변경 및 수정·조처	Y, N					
43	2) 설계변경으로 인한 재작업	Y, N					
44	3) 설계변경으로 인한 스크랩	Y, N					
45	4) 설계부실로 추가된 생산 지원 활동	Y, N					

② 구매와 관련한 업무 및 그에 따른 내부실패비용 항목

번호	업무 분류	해당표준 보유여부	항목반영수준				
			A	B	C	D	E
46	1) 구매자재 불합격 처리비용	Y, N					
47	2) 구매자재 대체비용	Y, N					
48	3) 공급처에 대한 수정·조처	Y, N					
49	4) 불량 수입품의 재작업	Y, N					
50	5) 관리 불충분에 의한 자재 손실	Y, N					

③ 운영 (제품/서비스)와 관련한 업무 및 그에 따른 내부실패비용 항목

번호	업무 분류	해당표준 보유여부	항목반영수준				
			A	B	C	D	E
51	1) 자재의 특채 및 수정 조처 비용	Y, N					
51-1	1 불량 제품/서비스 처리 비용	Y, N					

51-2	2 장애 조정/수리 및 고장 분석 비용	Y, N					
51-3	3 조사 활동 지원 비용	Y, N					
51-4	4 운영 관련 수정·조처	Y, N					
52	2) 운영 관련 재작업 및 수리 비용	Y, N					
52-1	1 재작업	Y, N					
52-2	2 수리 작업	Y, N					
53	3) 재검사 및 재시험 비용	Y, N					
54	4) 요건 충족을 위한 과외 운영 활동	Y, N					
55	5) 스크랩 비용(운영)	Y, N					
56	6) 제품/서비스의 등급 저하 손실	Y, N					
57	7) 내부 실패 노동 손실	Y, N					

④ 기타 관련한 업무 및 그에 따른 내부실패비용 항목
(☞ 해당업무명과 항목명을 기입하여 주십시오)

번호	업무 분류	해당표준 보유여부	항목반영수준				
			A	B	C	D	E
58	42~57번 이외의 내부실패비용 항목	Y, N					

4) 외부실패비용에 대한 해당 업무표준의 보유여부 및 품질비용 항목으로의 반영

① 고객의 불만조사 · 응대및 처리비용 관련 업무 및 그에 따른 내부실패비용 항목

번호	업무 분류	해당표준 보유여부	항목반영수준				
			A	B	C	D	E
59	고객의 불만 조사(응대 및 처리비용)	Y, N					

② 반품으로 인한 손실비용과 관련한 업무 및 그에 따른 외부실패비용 항목

번호	업무 분류	해당표준 보유여부	항목반영수준				
			A	B	C	D	E
60	반품으로 인한 손실 비용	Y, N					

③ 개장(장비 개조) 및 [회수(리콜)] 비용과 관련한 업무 및 그에 따른 외부실패비용 항목

* 개장이란 수정/변경 및 개조를 모두 뜻함.

번호	업무 분류	해당표준 보유여부	항목반영수준				
			A	B	C	D	E
61	1) 개장 (장비 수정, 변경 및 개조) 비용	Y, N					
62	2) 회수(리콜)비용	Y, N					

④ 배상/보증 비용과 관련한 업무 및 그에 따른 외부실패비용 항목

번호	업무 분류	해당표준 보유여부	항목반영수준				
			A	B	C	D	E
63	4. 배상/보증 비용	Y, N					

⑤ 제조물/서비스 책임과 관련한 업무 및 그에 따른 외부실패비용 항목

번호	업무 분류	해당표준 보유여부	항목반영수준				
			A	B	C	D	E
64	제조물/서비스 책임 비용	Y, N					

⑥ 벌과금과 관련한 업무 및 그에 따른 외부실패비용 항목

번호	업무 분류	해당표준 보유여부	항목반영수준				
			A	B	C	D	E
64	벌과금	Y, N					

⑦ 영업권 손실과 관련한 업무 및 그에 따른 외부실패비용 항목

번호	업무 분류	해당표준 보유여부	항목반영수준				
			A	B	C	D	E
65	영업권 손실	Y, N					

3 품질코스트 관리 사이클

단계	활동내용
1. PLAN	1.1 부서별 품질코스트 항목 설정 1.2 품질코스트 관리기준 설정 1.3 참여 분위기 형성 1.4 품질코스트 추진계획 수립
2. DO	2.1 품질코스트 계획의 실행 2.2 품질코스트의 산출 및 집계
3. CHECK	3.1 품질코스트 실적 분석 3.2 개선대책 수립 3.3 품질코스트 보고서 작성 및 전산화
4. ACTION	4.1 Key Factor 발굴 및 개선 활동 전개 4.2 사후관리 및 차기 계획에 반영

3.1 PLAN

1) 부서별 COQ 항목 설정

① COQ 항목은 각 부서에서 선정함을 원칙으로 함.

- 자기 부서의 COQ는 부서 내에서 가장 잘 알고 있다.
- 스스로 항목을 선정하면 숨겨진 비용(Hidden Cost)을 줄일 수 있다.

② 항목 선정 시 중점은 (PONC)

- POC는 대부분 노출되고 있으나
- 부서에서는 노출 시키고 싶지 않은 항목임

③ 충분한 교육과 이해로 적극적 참여 유도

④ 부서(부문)별 코스트 항목을 기초로 전사 코스트 항목 결정

2) COQ 관리기준 설정

① 관리기준이란?

– COQ 산출 시 적용하여야 할 사내 공통의 기준
– 시간당 임률은 얼마인가?
– 금융비용 산정 시 적용해야 할 금리는?

② 일반적으로 관리기준에 포함되어야 할 항목
- 인건비 : 직급별, 직종별로 적용임률제시
- 원재료비
- 반제품(재공품), 가격(내부가격)
- 금리
- 제품가격
- 악성재고, 장기재고 기준 등

3) 참여 분위기의 형성

① 품질에 대한 공통의 인식 재정립
- 품질의 정의, 업무품질에 대한 인식

② 경영자 공약의 도출
- 품질비용에 대한 명확한 이해(무조건 줄이는 것이 상책이 아니다.)
- 측정목적에 대한 이해 : 절감이 주목적(일정기간 후)
- 개인이나 부서에 대한 업무 평가나 문책의 수단으로 활용하지 않을 것임을 약속

③ 종업원의 참여 유도
- 품질비용에 대한 교육 및 이해
- 코스트 항목의 자발적 발굴 및 의도적 누락 행위 근절

4) COQ 추진계획 수립

계획수립 기준	계획 수립 요령
① 차기년도 경영지표 계획의 정도 ② 차기년도 4M의 관리 수준 ③ 제품별 제조 특성 정도 ④ 품질 개선 계획의 정도 ⑤ 필요한 경우 의욕치로 잡는다.	① 계획 수립 기준에서 고려된 차년도 예상 절감 효과 및 경영 지표 계획을 감안 ② 당년도 Q-COST 실적 대비 차기 년도 Q-COST 항목별 점유율 목표 수립 ③ 이를 차기년도 경영 계획상의 매출액 및 제조원가와 환산하여 금액목표 수립 ■ 항목별 점유율 목표 × 차기년도매출액 및 제조원가 ④ Q-COST 및 각 COST별 목표는 3항에서 계산된 관련 항목별 목표 금액을 합한 후 차기 년도 경영 계획상의 매출액 및 제조원가로 나누어 점유율 목표 수립 * F, A, P COST 점유율 목표 F, A, P COST 각 항목별 금액의 합 차기년도 매출액 및 제조원가 * 이와 같이 항목별 점유율 목표를 먼저 설정 후 이를 측정 준자료인 매출액 및 제조원가와 환산하여 항목별 금액을 나중에 설정함은 측정기준 자료 변동에 의한 가변적 목표 수립의 정확을 꾀하고자 함.

3.2 DO

1) COQ 추진 계획의 실행

2) COQ 산출 및 집계

① COQ 산출의 원칙

- 산출기준과 객관적 자료에 입각하여 산출
- 산출이 가장 용이한 부서/사람이 산출
- 코스트 산출에 너무 많은 노력이 투입되는 것은 오히려 낭비(기존 자료 활용 유도)
- Cross Checking이 가능하도록 하는 것이 바람직

② COQ 산출에 이용되는 문건

- 월급명세서
- 제조경비철
- 작업일보
- 재작업보고서
- 제조원가 보고서
- 여비/출장비 명세서
- 수리일보
- 폐각 손실보고서
- 검사/시험 보고서
- A/S 및 크레임처리대장

③ Q-Cost 산출 및 집계

- 품질코스트 집계대상 결정 : 대상공장, 대상품목, 대상범위
- 품질코스트 비용항목 정의
  - 품질코스트 항목의 범위 결정(생산자, 소비자)
  - 품질코스트 항목 분류 및 명확화
  - 품질코스트 항목별 세부항목 정의
  - 품질코스트 항목별 CODE 부여
- 품질코스트 비용항목별 산출방식 결정
  - 세부항목별 비용의 계량화방법검토 (공수, 시간, 비용, 수량 등)
  - 품질코스트 항목별 산출식결정
  - 금액 산출기준 작성
    - * 임률표
    - * 직 · 간접 비용의 산출기준 및 배분방식
    - * 코스트 테이블 및 제 비용 산출요령 정리
- 품질코스트 기입 및 집계양식 결정
  - 원시정보, 기입양식 검토 및 제개정
  - 부서별, 비용항목별 산출표(양식) 결정
  - 비용항목별 집계표 양식 결정

- 품질코스트 종합집계표 양식 결정

- 품질코스트 산출 및 집계 시스템 구축
  - 비용항목별 산출절차 명확화
  - 비용항목별 집계절차 명확화
  - 비용항목별 산출, 집계, 보고책임자 선정
  - 비용항목별 CODE 부여
  - 전산시스템 구축
  - 품질코스트 응용 매뉴얼 작성
- 품질비용 산출 및 집계 시 고려사항
  - 품질코스트 구성항목은 기업마다 달라질 수 있으므로 해당 기업의 특성을 고려한다.
  - 일부 품목만 적용할 때는 주력 품목으로 한다.
  - 기간 원가이므로 월 · 분기 단위로 집계하는 것이 좋다.
  - 비용산출 또는 집계양식은 가능한 한 동시 작성(One Writing)으로 한다.
  - 기입하기 쉽게, 기존의 양식을 이용한다.
- 품질코스트는 관리비용이므로 신속한 문제 파악과 대응이 필요하다. 따라서 약간 정도가 떨어져도 신속한 집계 · 분석이 중요하다.
- 가능한 한 전산화 한다.
- 누구라도 쉽게 산출할 수 있도록 연구 - 매뉴얼화
- 힘든 경우 F-COST만 이라도 산출한다.

3.3 CHECK

1) COQ 실적 분석

① Q-COST의 추이 분석

월별 집계된 Q-COST의 추이를 PLOT하여 봄으로써 P, A, F COST 및 전체 품질 비용의 추이 분석

② 제조원 대 Q-COST의 비율 분석(FEIGEN)

(제조원가의 6-7%)

③ Q-COST의 구성비율 분석(FEIGEN)

예방비: 15%

평가비: 25%

실패비: 60%

④ 매출액 대 Q-COST 비율 분석(CROSBY)

(매출액 대비 2.5%)

⑤ 제품별 분석(F, A-COST)

⑥ 부문별 분석(F-COST)

⑦ 주요공정별 분석(F, A-COST)

2) 개선대책 수립

3) COQ 보고서 작성 및 전산화

3.4 ACTION

1) Key Factor 발굴 및 개선 활동 전개

① 전사/ 부서별 주요 COQ 항목 선정
- 금액이 가장 많은 항목(Worst 5)
- 개선 활동 전개가 가능한 항목
- 정책적으로 반드시 개선해야 할 항목

② 개선 활동 전개
- Team 구성(TFT/ Project Team)
- COQ에 입각한 현상 파악/ 원인 분석

③ 개선 효과 분석
- COQ에 의한 효과 분석

2) 사후관리 및 차기 계획에 반영

① 개선과제 실시 결과에 대한 효과 측정

ⓐ 진행된 내용(무엇이 -어떻게)

ⓑ 효과금액, 비율

ⓒ 목표 달성율

② 개선과제의 미달성문제점 분석

ⓐ 개선과제 미달성시 저해 요인 분석

ⓑ 관리가능 원인과 불능 원인으로 구분

ⓒ 책임소재 파악 및 조처

ⓓ 차기계획에 반영

4 품질코스트 관리 System 점검 Check List

항목	평가 내용
1. 추진 목표 설정	- Q-COST의 추진목표가 설정되어 있는가?(매출액 대비, 제조원가 대비) - 전사적/부문별 관리목표가 설정되어 있는가? - 단계별 Q-COST의 산출, 분석, 평가 및 개선목표는?
2. 운영 체제	- 전사적/부문별 집계, 분석, 평가하고 있는가? - 관리가능한 항목의 선정 및 운영을 하고 있는가? - 전사적/부문별 분석 및 대책수립하여실시하고 있는가? - 전사적/부문별 방침에 반영하고 있는가? - 불량비용 발생의 철저한 책임구분 및 목표관리를 하고 있는가? - 집계부서, 발생부서를 구분 관리하고 있는가? - 숨겨진 F-COST를 최대한 발췌하고 있는가? - 일정기간(월단위, 분기, 반기, 년) Q-COST가 집계되고 있는가? - Q-COST 위원회가 편성되어 있는가? - Q-COST 집계가 전산화되어 있는가?
3. 보고 제계	1) 각 부서별, Q-COST 관리목표 대비 실적보고를 하고 있는가? 2) 정기적인 품질회의에서 Q-COST 실적발표/분석보고가 이루어지고 있는가? 3) 경영진 회의석상에서 문제점 분석 및 조치가 이루어지고 있는가?
4. 교육	1) QM 및 Q-COST 교육실시 경험은? ① WORKSHOP 횟수 ② 사내·외 강사 교육 ③ 최고경영자 QM 교육 이수 여부 2) Q-COST 개선활동을 전사원에게 전파시키고 있는가?
5. Q-COST 산출 항목의 적정성	1) 실패비용(내·외부 실패비용)의 산출항목 중 누락된 부분은? 2) 예방비용의 산출항목 중 누락된 부분은? 3) 평가비용의 산출항목 중 누락된 부분은?도출된 항목의 DATA 집계가 용이한가? ① 발생기간, ② 발생처, ③ 사용양식 4) 도출된 항목의 금액산출방법이 합리적인가? ① 금액산출기준, ② 적용한계의 명확성 5) 타부문 또는 기존 도출항목과의 중복유무?
6. Q-COST 결과 분석	1) 기간의 COST총액은 감소하고 있는가? 2) 예방COST가 증가하면 실패와 평가 COST는 감소하고 있는가? 3) 실패코스트보다 예방코스트가 많이 들고 있지 않은가? 4) 코스트 항목별 계획과 실적은 어떤가? 5) 실패 코스트 감소의 정도는? 6) 검사비와 CLAIM 실패 COST와의 관계는? 7) 생산금액 및 제조이익에 대한 각월의Q-COST 비율은 어떻게 변하고 있는가?

7. 절감 대책 분석	1) F-COST - 불량발생공정의 원인별식별 및 책임부서 전달방법이 확립되어 있는가? - 반품률이높은 부문에 대한 대책수립/실시하고 있는가? - 경제적인 A/S가 실시되고 있는가? - 동일불량, 다발 CLAIM 사항에 대한 조치가 실시되고 있는가? - 불량품 발생 예방을 위한 현공정관리의적절성이 정기적으로 검토되고 있는가? - 검사방식의 자동화는 추진하고 있는가? - 현 검사지점/방식에 대한 적절성이 검토되고 있는가? 2) 평가비용 - 불량품 발생 예방을 위한 현공정관리의적절성이 정기적으로 검토되고 있는가? - 검사방식의 자동화는 추진하고 있는가? - 현 검사지점/ 방식에 대한 적절성이 검토되고 있는가?

5 품질코스트 시스템 구축 단계별 추진 내용

단계	추진항목	추진내용	참여인원
1	품질과 품질코스트에 대한 커미트먼트	● 품질에 대한 공통의 인식 재정립 - 품질의 정의, 업무품질에 대한 인식 ● 경영자의 의지 도출 - 품질코스트에 대한 명확한 이해 (무조건 줄이는 것만이 상책이 아니다) - 측정목적에 대한 이해 절감이 주목적(일정기간 후) - 개인이나 부서에 대한 업무 평가나 문책의 수단으로 활용치 않을 것임을 약속 ● 종업원의 참여 유도 - 품질코스트에 대한 교육 및 이해 - 코스트 항목의 자발적 발굴 및 의도적 누락 행위 근절 ● 품질코스트 도입 교육 - 경영자과정 주요교육내용 : - 품질코스트의 기본 개념 - 품질코스트 도입 필요성 - 품질코스트 시스템 운영 방법 교육대상: - 임원 이상 경영자 - 실무과정 주요교육내용 : - 품질코스트의 기본 개념 - 품질코스트 도입 필요성	전종업원

		- 품질코스트 식별 능력 함양 - 품질코스트 항목 및 산출기준 교육대상: 과 단위 실무자 :과장, 대리, 사원	
2	코스트항목 및 산출기준 작성	● 관련 부서 실무 요원 교육 ● 부서별 품질코스트 항목 선정 ● 전사 COQ TFT 구성 ● 품질코스트 항목 검토/보완 초안 작성 ● 부서별 품질코스트 항목 설명회 ● 품질코스트 항목 산출기준 확정 ● 산출기준 관리 책임자 확정 ● 품질코스트 보고서 설계 ● 품질코스트 분석기준 확정 ● 품질코스트 시스템 운영 지침 2) 부서별 COQ 항목 선정 - 각 부서(과/팀)별 COQ 항목 선정(초안) 주관 : 조직 단위별 실무 요원 내용 : COQ 항목, 정의, 산출기준 자기 부서의 COQ는 스스로가 가장 잘 알고 있다. 코스트 산출 시 hidencost 방지 효과 기대 COQ 항목의 중점은 PONC - COQ 항목 및 신출기준 확정 COQ TFT에 의한 초안 검토 및 보완 부서별 설명회를 통한 실무적 조정 코스트 산출 시 애로 및 지원 사항 파악 - COQ TFT 운영 TFT의 필요성 COQ 항목의 적절한 추출을 위해서는 기업 내 전 부문의 실정을 정확히 파악하는 것이 선결 과제이나 현실적으로 주관부서 1~2명에게 이를 기대하기는 무리. 따라서 주요부문을 대표할 수 있는 5명 내외의 TFT 요구 TFT 구성 인원 : 5명 내외(부문별 배분 고려) 선발원칙 : 품질 및 코스트 의식이 양호하고 과거의 틀에 얽매이지 않고 혁신 의지와 실천력을 갖춘 자 직급 : 과장, 대리급 TFT의 임무 일선 부서에서 제출된 코스트 항목 및 산출기준에 대한 적절성 검토 부서별 코스트 항목 결정 전사 코스트 항목 및 산출기준 결정	실무요원

		코스트 항목 별 산출 책임자(집계부서) 결정 품질코스트 시스템 운영 지침 작성 TFT 운영 겸임 TFT로 운영(본인의 고유 업무와 병행) - COQ 관리기준 설정 관리기준이란? COQ 산출 시 적용하여야 할 사내 공통의 기준 정확하고 객관적 코스트 산출의 기준 제시 사내 업무 품질의 기준으로 합리성과 적절성 확보 일반적으로 관리기준에 포함되어야 할 항목 인건비 : 직급별,직종별로 적용 임률 제시 원재료비 반제품(재공품) 가격(내부가격) 금리 제품가격 악성재고, 장기재고 기준 등	
3	COQ 산출 및 집계	● COQ 산출의 원칙 산출기준과 객관적 자료에 입각하여 산출 산출이 가장 용이한 부서/사람이 산출 코스트 산출에 너무 많은 노력이 투입되는 것은 오히려 낭비(기존자료 활용 유도) cross checking이 가능하도록 하는 것이 바람직 ● COQ 산출에 이용되는 문건 월급명세서, 제조경비철, 작업일보, 재작업보고서, 제조원가보고서, 여비/출장비 명세서, 수리일보, 폐각손실보고서, 검사/시험보고서, A/S 및 크레임처리대장	각부서
4	COQ 보고서 작성	보고서의 종류 경영자용 보고서 - 전체적 현황 파악 관리자용 보고서 - 추세 및 달성율 분석, 개선과제(MAJOR 항목) 추출 현장감독자용 보고서 - 코스트 항목별 현상 파악, 원인요소별 코스트 배분 개선 전개 방향 제시 보고시스템 운영 보고주기 : 월 1회가 가장 바람직(소기업 분기별 1회) 보고시기 : 매월 5일 이내 COQ 회의체 운영 규정 작성	실무요원

5	품질코스트 분석 및 Major 항목 추출	품질코스트 분석 총품질코스트 분석 - 품질코스트의 적정성, 추세분석, 전년 대비 분석, 목표 대비 분석 등 구성 비율 분석 - 코스트 부류별 구성율 분석 기준대비 분석 - 기준 경영지표 대비 적절성 분석 (매출액, 제조원가, 직접노무비 등) Major 항목 추출 Major 항목 : 사내에서 손실비용이 많이 발생되는 치명적 항목 Major 항목 선정 기준 : 금액이 가장 많은 항목 개선 활동 전개가 가능한 항목 정책적으로 반드시 개선해야 할 항목	주관부서
6	Major 항목 상세 분석 및 개선 활동 전개	Major 항목 상세 분석 항목별 현상 - 원인 전개표작성 현상별코스트 배부 (집계) 원인별코스트 배부 (집계) 코스트 발생 주요 요인 분석, 개선 요인 발굴 개선활동 전개 개선 team 구성(TFT / project team) COQ에 입각한 현상 파악 / 원인분석 개선 효과 분석 COQ에 의한 효과 분석	실무요원
7	품질코스트 시스템 전산화	전산화의 필요성 시스템 운영 시 소요 인력 및 노력 최소화 코스트 정보의 적시성 확보 누락 및 hidden 코스트 방지 전산화 주요 내용 품질코스트 등록(항목명, 코드, 산출기준 등) 관리기준 DB 구축(혹은 타 시스템과 Interface) 품질코스트 자동 산출 및 집계 품질코스트 보고서 자동 출력 - 양식에 의거 품질코스트 자동 분석 - 분석방법에 의거 Major 항목 발굴	IT요원

6 추진사례

6.1 A사

1) Q-COST System의 도입 배경

기업 조직 내의 어떤 관리 계층이든지 자신의 관리 실책이나 이로 인한 손실 등이 노출시킨다 하더라도 주위의 분위기는 자신의 무능으로 탓하고 있기 때문에 부득이 덮어두고 있는 경우 허다하다.

그러므로 이러한 음성적인 손실들을 줄이기 위해 어떠한 형태의 제도를 도입하더라도 지속적으로 운영되지 못하는 것이 작금의 현실이라 볼 수 있다.

이러한 여건 등으로 인해 과거의 기업의 경영관리는 모든 관리 척도를 품질 결함으로 인한 불량, Loss 등의 직접손실과 이에 수반되는 간접손실 등의 음성적인 측면을 제거하는 것보다 매출 증대, 생산성 향상 등의 양성적인 측면을 강조하는 제도가 발전되어 왔으며 그 결과 경제 성장 속도와 병행하여 기업의 성장도 주목할 만큼 신장되어 왔다.

그러나 우리가 모르는 사이에 중점관리 되지 않는 음성적인 손실도 역시 증가되고 이로 인해 오히려 기업의 질적 성장에 저해 요소가 되고 있음을 명심해야 한다.

특히 당사업부의 경우 매출 증대와 더불어 품질 및 관리 MISS 등으로 인한 음성적인 손실이 매년 증가되고 있으며 '00년도에 와서는 이미 그 관리 수준을 초과하는 심각한 현실에 와 있는 실정이다.

뿐만 아니라 소비자(User)의 고품질 요구와 병행하여 고유가 및 인건비 상승 등으로 인한 열악한 경영 여건 속에서 기업이 생존하기 위해서는 이러한 음성적인 직 · 간접손실비용을 과감히 도출하여 이를 극소화하기 위한 관리 시스템의 도입은 필연적이라고 할 수 있다.

2) MIS(Management Information System)과의 관계

음성적인 손실을 제거하기 위한 독단적인 별도의 관리 시스템을 운영할 경우는 조만간 그 의미를 상실하게 된다. 실제 음성적인 측면의 비용 감소가 양성적인 측면의 인자에 미치는 영향에 대해 수학적인 함수식이 성립된다면 어느 한 쪽의 시스템만 운영하여도 소기의 목적을 달성할 수 있지만 양쪽의 영향 인자가 모두 복합 요소를 내포하고 있기 때문에 이론적인 수학적 모델 성립은 사실상 불가능하다.

그렇지만 음성적인 측면의 Failure-Cost(F-COST)의 감소는 양성적인 측면 및 주요 경영항목(MIS의 항목) 실적이 향상될 수 있다는 것 정도는 상식적으로 판단할 수 있다.

반면에 실무에서는 주요 경영 항목인 매출 이익을 향상시키기 위한 수단은 무엇보다도 매출

금액의 증가가 절대적이다.

그러나 매출 채권의 감소, 불량 채권의 제로(Zero)화, 보상공사의 감소, 제조원가 절감 등의 직접 손실인 F-COST도 병행에서 감소되어야만 매출 이익이 향상되며 그렇지 못하고 F-COST가 증가된다면 오히려 매출액 증가 자체가 매출 이익에 기여치 못한다는 것도 상식으로 판단할 수 있다. [표 8-1 참조]

그러므로 음성적인 손실에 해당되는 F-COST는 양성적인 주요 경영항목과의 함수 관계는 정립치 못할지라도 주요 경영 항목의 특수 종속변수(Special Dependent Variable)라고 할 수 있고 서로 복잡한 거래(Trade Off) 관계를 유지하고 있기 때문에 양쪽의 관리 System을 병행관리 하여야만 비로소 그 기능을 발휘하게 될 것이다.

결국 각 부서에서는 기존 Shit 항목을 관리하면서 이와 병행하여 F-COST를 종속관계로 관리 함으로써 기업 경영의 소기 목적을 무난히 달성하게 될 것이다.

주) Trade off : 한쪽이 강해지면 다른 한쪽은 약해지는 현상

[표 8-1] 경영관리 항목과 F-COST 항목과의 관계

경영관리항목(양성측면)	도달 수단	F-COST 항목
매출 이익	매출 채권(미수)의 감소	F-COST
	불량 채권 감소	F-COST
	보상공사 및 CLAIM 감소	F-COST
	제조원가 DOWN	F-COST
제조원가 DOWN	생산성 향상	F-COST
	과잉 품질 제거	F-COST
	재료비 감소	F-COST
	재고 감소	F-COST
생산성 향상	불량감소	F-COST
	LOSS 감소 (재료, 대기시간)	F-COST
	재작업 감소	F-COST
	공정 감소	F-COST

3) System의 기본 구조

00사업본부 내에 적용하고 있는 F-COST 관리 시스템의 기본 구조는 앞에서 살펴본 바와 같이 주요 경영 실적보고 SYSTEM (MIS)과 특수한 종속 관계를 유지하고 있다. [표 8-2 참조]

[표 8-2] F-COST관리 SYSTEM의 기본 구조

관리계층	F-COST 관리 SYSTEM		MIS SYSTEM
사업본부장	1) 사업본부 총손실비용	삽입	1. 관리 총괄표
	2) 사업본부 사내 손실 비용 (첨부) 3) 사업본부 사외 손실 비용 (첨부) 4) 사업본부 간접 손실 비용 (첨부)	첨부	2. (주요 경영지표) : 10. F-COST 발생 현황
공장장	1) 공장 총손실비용	삽입	1. 관리 총괄표
	2) 공장 사내 손실 비용 (첨부) 3) 공장 사외 손실 비용 (첨부) 4) 공장 간접 손실 비용 (첨부)	첨부	2. (주요 경영지표) : 11. F-COST 발생 현황
사업부장	1) 사업부 총손실비용	삽입	1. 관리 총괄표
	2) 사업부 사내 손실 비용 (첨부) 3) 사업부 사외 손실 비용 (첨부) 4) 사업부 간접 손실 비용 (첨부)	첨부	2. (주요 경영지표) : 12. F-COST 발생 현황
부장	1) 부서 총손실비용	삽입	1. 관리 총괄표
	2) 사업부 사내 손실 비용 (첨부) 3) 사업부 사외 손실 비용 (첨부) 4) 사업부 간접 손실 비용 (첨부)	첨부	2. (주요 경영지표) : 13. F-COST 발생 현황

4) System의 특징

① System의 장점

실패원가 관리 시스템의 장점은 무엇보다도 기존 경영실적 보고 항목에 삽입 운영함으로써 항목 자체의 누락 우려가 없다는 것이 가장 큰 장점이라 할 수 있다.

또한 관리 직급별, 층별 분류함으로써 해당 직급의 관리층에서 다각적인 발생현황을 파악하고 상하위간의 중복을 배제하고 있는 것도 큰 장점이라 볼 수 있다.

뿐만 아니라 월별 발생현황을 시계열적으로 파악이 가능하며 관리 수준의 척도를 제공하여 개선을 위한 문제의식 고취에도 큰 역할이 기대되고 있다.

② System의 단점

그러나 모든 관리층은 다음 사항에 대해서는 활동에 차질이 없도록 세심한 배려가 요구되고 있다.

첫째, F-COST 발생 금액에 큰 폭의 증감 현상에 대해서는 반드시 사유를 파악하여야 한다. 해당 기간에 갑작스런 증가나 감소는 관리 과정에서 이상 상태가 발생되었다는 측면이 항상 내포되어 있기 때문에 그러한 이상 상태가 좋은 측면 인가를 반드시 점검해야 한다.

둘째, 집계 분석된 data의 신뢰성 문제는 누구든지 반드시 짚고 넘어가야 한다. 아무리 좋은 시스템이라도 입력되는 기본 데이터의 에러(error) 또는 진실성 유무 등은 본래의 목적에 벗어나는 것 뿐만 아니라 경영 관리 활동에서 가장 치명적인 요소이기 때문이다.

셋째, 일선 부서의 데이터 입력 지연으로 보고 기일 지연 시는 직속 상위 관리층의 누락이 발생 될 뿐만 아니라 차상위 계층에도 연쇄 반응이 생김으로 인해 데이터의 공백 또는 데이터의 감소 현상으로 인해 정확한 의사 결성의 지연 또는 착오가 야기되므로 무엇보다도 보고 기일의 준수가 본 시스템의 가장 취약점이라 볼 수 있다.

그러므로 각 관리 계층은 작성보고 기일을 최우선으로 준수하기 위해서는 항상 각 항목별 집계 분석방법에 대한 연구를 하여야 한다.

5) Q-COST System 운영

(1) 운영목적

수주, 설계, 생산, 구매, 시공 등 각 단계에서 발생되는 품질수준 미달 및 관리 불찰 등으로 야기되는 기업 내의 직 · 간접 손실을 정확히 도출하여 이를 비용으로 산출함으로써 시급히 조처해야 할 개선 활동의 우선순위와 중점관리를 명확히 규정하여 전 조직원의 품질에 대한 관심을 고취시킴과 동시에 효과적인 품질 경영 체계를 구축하여 기업의 이익향상에 기여 하는 데 있다.

(2) 적용 대상

사업본부 산하 전 조직의 부서(부 과단위)는 본 시스템의 적용대상이 된다.

(3) 운영 체계 및 분담 업무

본 시스템의 운영 체계 및 분담 업무는 별도로 설정된 MIS SYSTEM(경영정보시스템)에 따른다.

(4) System의 운영방법

① F-COST 항목 선정 방법

• 항목 선정의 주안점

각 부서별 손실 비용 항목의 선정이 "손실 비용 운영 시스템"의 주안점(point)이라 할 수 있다. 일반적으로 일선 부서, 주관 부서 및 총괄부서 등 조직 내의 모든 해당 부서에서는 자신의 분장업무 내용에 따라 손실 비용 발생으로 추정되는 항목은 [표3]을 참고로 하여 도출 업무에 반영하여야 한다.

[표 8-3] 손실비용 항목의 도출 요령

POINT	구분	내용 (사례)
MAN	사내	① 과잉, 부족인원으로 인한 야기 손실 ② 보유 인원의 대기등의시간 LOSS ③ 재가공, 폐기, 작업교체 등으로 인한 추가 공수 ④ 재해로 인한 손실기타 생략
	사외	① CLAIM A/S 및 시공품보수에 따른 인력 지원 손실 ② 기타 생략
MACHINE	사 · 내외	① 설비 고장으로 인한 수리, 대기 LOSS (관리 MISS) ② 작업대기로 인한 유휴시간 LOSS ③ 과잉 부품 재고로 인한 손실 기 타
MATERIAL	사내	① 품질저하로 인한 제반 비용 ② 납기 지연으로 인한 손실 ③ 과잉 보관으로 인한 비용 ④ 불용품 폐기, 매각 손실 ⑤ 기타
	사외	① 추가공사 A/S 등으로 인한 자재 투입 ② 외주 부품의 품질 저하 등에 따른 비용 ③ 기타
METHOD	사내	① 작업 또는 설계 MISS 착오로 인한 비용 (재료, 인건비) ② 기능 저하 등으로 인한 손실 (용접 불량 등) ③ 관리소홀 등으로 인한 제반 추가 비용 (사무 관리 부문) ④ 출고 지연 등으로 인한 손실 (간접) ⑤ 기 타
	사외	① USER의 사양미비 등으로 인한 재작업, 재가공 (간접) ② USER 측의 지연 등으로 인한 대기 작업 및 작업 지연 (간접) ③ 기타
MONEY	사 · 내외	① 받아야 할 대금의 지연 ② 계획에 없는 대금의 지불 ③ 공사 지연으로 인한 지체 상금 ④ 기타
기타	사 · 내외	생략

• 항목 선정 시 유의 사항

손실 비용 항목을 선정할 때에는 각 담당 부서에서는 다음 사항에 유의하여야 한다.

첫째, 도출된 항목의 데이터 집계 분석이 용이
이를 위해 발생기간, 발생처, 사용 양식, 도출 방법의 용이성 등이 충분히 검토되어야 한다.

둘째, 도출된 항목의 금액 산출 방법의 합리성 유무
이를 위해 항목의 금액 산출 기준, 적용 한계(직 · 간접) 등의 검토

셋째, 타 부문 또는 기존 도출항목과의 중복유무 검토 등에 대한 사항은 세심한 주의로서 선정 검토되어야 한다.

특히 모든 도출항목에 대한 평가 시는 불리한 조건 즉, 비용 과다 측면으로 산출하는 것이 관리 측면에서 유리할 경우가 많다.

이는 무엇보다도 부서 내의 비용 과다로 인한 경각심을 고취시키기 위한 방편이기 때문이다.

• 기본 항목의 선정(1차)

각 부서의 업무 원활화를 위해 기계 사업본부 내의 모든 분야를 대상으로 최소한의 손실 비용을 1차로 List Up 하였다.

그러나 본 시스템의 소기 목적에 조달하기 위해서는 주관 부서별 (총괄부서 포함) 매년 1회 각 항목에 대한 신규도출과 기본 항목의 개정, 폐기는 지속적으로 이루어져야 한다고 본다.

(2) F-COST 항목 분류 및 산출 기준

① F-COST의 항목 분류

[표 8-4] F-COST의 발생부문별 항목 분류(1) [■:직접손실 □:기회손실]

구분	발생부문	비용구분	항목	내용
사내	설계	■	도면수정 공수	도면 수정으로 인한 투입공수
		■	설계불량 매수	도면작성 불량 매수
		■	SCRAP 초과 금액	관리기준 SCRAP중량보다 초과된 중량
		■	중량초과 공수	가공결과 설계중량보다 초과된 중량
	구매/자재	■	불용자재 매각손실	사용 불가능한 자재의 매각 대금대의 구입 금액의 차

		■	저장재 매각 손실	A-F급으로 분류된 자재의 매각 대금 대 구입 금액의 차
		□	재발주 비용	자재누락 또는 불량으로 인한 재 발주 관리 비용
		□	현물자재 반납 손실	제조 현장에서 불출된자재 중 공사 후 반납한 현물자재 금액
		□	전표반납 손실	제조현장에서 불출되지않은 자재중사용이 불필요한 자재
		□	장기보관자재 보관 손실	구입자재 중 3개월 이상 보관되있는 자재금액의 금리
		■	자재 망실 손실	보관자재의 재고부족 수량
		■	외주품 추가정산 비용	외부 도면 수정에 따른 추가 정산 비용
사내	제조 (도장, 포장 포함)	■	재료 LOSS 손실	기준 미달되는 수율, 도장, 포장 재료
		■	작업 대기 손실	자재, 선공정지연, 도면 수정, 정리, 우천, 설비고장 등으로 인한 인원 대기 손실
		■	불량수정 폐기 손실	자체, 자재, 설계, 외주 등의 품질 결함으로 인한 수정 또는 폐기 손실 금액
		■	시공품재가공 손실	시공현장에 출고된 가공품의 재가공을 위한 비용 및 현지 출장 비용
		■	치공구보수 개조 손실	치공구보수, 개조로 인한 투입 비용
		□	추가 잔업 공수 손실	작업지연, 긴급작업 등으로 인한 기준 이외의 잔업 공수 발생
		□	공정 가공품의 대기 손실	공정에서 가공 중 15일 이내에 재가공되지 않고 정체되고 있는 일수의 임율
		□	완성품의 출고지연 손실	완성 후 30일 이후에 초과한 출고일수의 임율비용
	QC	■	용접 불량(자동, 수동) 손실	자동 및 수동 용접불량 매수의 평균 비용
		■	자재 재검사 비용	구입 및 외주자재 검사 결과 불합격으로 인한 재검사 인건비
		■	공정 재검사 비용	중간 또는 공정검사에서 불합격으로 인한 재검사 인건비
		■	완성품 재검사 비용	완성품 검사에서 불합격으로 인한 재검사 인건비
	시공	■	추가 보완공사 비용	추가 보완 발령공사 비용
		■	현장시공품질 결함 손실	현장시공 보완공사 이외의 시공팀의 재작업 비용 또는 외주 품질 결함으로 지연된 손실 비용
		□	시공일정 지연 손실	최초 시공완료 기일초과 일수에 따른 일일현장 유지 및 관리 비용(user 사유 포함)

사외	영업	■	공사 지체 상금 손실	기간 중 발생된 지체상금 발생 금액
		■	CLAIM 처리 비용	CLAIM처리로 인한 인건비, 재료비 및 출장 운반 비용
		■	보상공사 비용	CLAIM처리로 인한 인건비, 재료비 및 출장 운반 비용
		□	미수금 지연 손실	어음수금시평균기일(90)일보다 초과된 기간의 금리
		□	청구지연 손실	설치완료 후 보완작업 관계로 청구 지연된 일수의 금리 손실

② F-COST의 산출 기준

[표 8-5] F-COST의 산출기준

발생부문	항 목	산출기준(월초 ~ 월말까지 전표 발생 기준)	비고
설계	도면 수정공수	Σ도면 수정 공수 × 평균임율	
	설계불량 매수	Σ불량 매수 × 평균임율	
	SCRAP초과 금액	(Σ발생중량 - Σ기준중량) × SCRAP 구입가 -매각가	
	중량초과 공수 손실	(Σ제작중량 - Σ설계중량) × 평균소모 공수 × 평균 임율	
구매·자재(외주포함)	불용자새 매각 손실	Σ구입가 - Σ매각가	
	저장재 매각 손실	Σ구입가 - Σ매각가	
	*재발주 비용	Σ재발주횟수 × 회당 평균관리 비용	
	*현물자재 반납 손실	Σ반납자재 중량 × 구입가 × 0.2	
	*전표반납 자재손실	Σ반납자재 중량 × 구입가 × 0.1	
	*장기 보관 자재보관 손실	Σ3개월 초과 누적자재별 중량 × 구입가 ×0.01	
	자재망실 비용	Σ보관자재의 재고조사 부족분 × 구입가	
	외주품 추가 정산 비용	Σ추가 정산 비용 총액	
공무	설비 및 전기 수리 비용	Σ(수리재료비 + 인건비)	
	재해발생 손실	기간 중 재해발생으로 인한 총 지불액	
	설비부품 재고 보관 손실	(Σ폐기, 분실수량 × 구입가) + {Σ(보관재고 금액 -기준재고금액) × 0.01}	
	*설비부동 손실	목표가동 부족시간 × 임율	
제조(도장·포장포함	재료Loss 손실	Σ관리기준 초과량 × 구입가 + Σ투입공수× 평균 임율	
	작업대기 손실	Σ(가동시간 -직접시간) × 평균임율	
	불량수정 폐기 손실	Σ추가재료비 + (Σ추가발생공수× 평균 임율	
	시공품 재가공 손실		
	치공구 보수		
	개조 손실		

6.2 B사

1) 품질코스트 관리 시스템

(1) 도입 배경

- 품질 경영과 관련되는 모든 활동을 품질 코스트의 측정 관리를 통하여
- 품질 경영 활동의 문제점을 파악하고 품질 향상과 품질 손실 비용의 절감 실현

(2) 특징

- 모든 품질 경영 활동을 비용으로 평가 관리
- 품질 관리 코스트 관리 사이클을 통한 PDCA 단계별 운영 체제 습득
- 종전의 품질에 대한 사고방식 혁신 (사후관리 → 예방관리)
- 품질경영 결과를 경제성으로 분석 (경영 손익에 미치는 품질의 영향력)
- 타 관련 시스템과 정합화, 통합화 도모 (원가관리, 자재관리)
- 예방 조처의 중시를 통한 기회손실 비용의 극소화

2) 품질 코스트 도입 준비

구분	내용
품질 코스트 개요 파악	■ 품질 코스트의 구성 및 이해 ■ 품질 코스트 도입의 필요성 ■ 품질 코스트에 대한 기본적 사고방식 정리
기업의 실정 파악	■ 현장 관리의 실태 파악 (각종 사용 서식 및 처리 절차) ■ 품질 코스트 시험 산출 (모델 ITEM선정) ■ 생산관리 시스템과 회계관리 시스템의 이해
전 사원에게 품질 코스트사고방식의 보급	■ 품질 코스트 필요성 강조로 품질 마인드 조성 ■ 전문강사 초청 교육을 통한 품질 코스트 중요성 제고

3) 품질 코스트 관리 시스템 추진 방향

기본추진방향	중점활동
"사전 예방의 원칙"에 철저 ■ 처음부터 올바르게 (Do it right the first time) ■ 결함 방지 ■ 불량 제로 ■ 품질코스트의 최소화	■ 품질 코스트 발생의 기능별 관리 · 설계품질의 관리 · 조달품질의 관리 · 제조품질의 관리 · 사용품질의 관리 · 품질개선활동의 관리 ■ 불량발생의 철저한 책임 구분 관리 · 관리자 오류와 작업자 오류의 책임구분 · 불량항목에 대한 책임구분 ■ 비용 발생을 중시한 문제점 분석 및 조치 · 품질문제 발생요인의 금액 비중 관리 ■ 전 사원에 대한 품질 코스트 교육 및 홍보를 통한 품질 마인드 고취

4) 품질 코스트의 정의 및 측정 목적

(1) 정의

품질 문제와 관련하여 발생되는 제반 손실 및 관리 비용

Q-COST = Actual Cost(제조비용) − Net Cost(양품 생산비용)

■ 불량품의 생산 비용인 실패 비용
■ 불량품의 발견 비용인 평가 비용
■ 불량 방지를 위한 품질 생성 비용인 예방 비용

(2) 측정목적

■ 품질경영 활동을 품질코스트라는 경제성 평가 척도를 통해 품질을 경제적이고 종합적으로 관리하는데 있음.
■ 품질문제를 금액으로 환산 제시하여 품질 개선에 대한 동기 부여를 함.
■ 현장의 관리자로 하여금 품질코스트의 절감 목표를 설정하고 이를 위한 계획을 수립할 수 있도록 함.
■ 양적 위주의 생산 체제에서 질적 위주의 생산 체제 확립
■ 사내 · 외 실패비용과 평가비용을 관리변수 비용인 예방비용을 통하여 전체 품질 코스트를 절감함.

5) 품질 코스트의 목표

실패코스트, 평가코스트를 감축하고 예방코스트를 증대하여 최고 수준의 품질 수준으로 매출 목표를 달성하기 위한 것이다.

구분	년도별 품질코스트 달성목표(매출액 대비)			
	전년도	1차 년도	2차 년도	3차 년도
품질코스트	5.0	4.1	3.3	2.8
실패코스트	2.6	1.6	1.3	1.2
평가코스트	2.0	2.0	1.5	1.2
예방코스트	0.4	0.5	0.5	0.5
비고	■ Q-Cost 20 (↓) ■ F-Cost 40 (↓) ■ A-Cost 동결 ■ P-Cost 20 (↑)		■ Q-Cost 20 (↓) ■ F-Cost 20 (↓) ■ A-Cost 25 (↓) ■ P-Cost 동결	■ Q-Cost 15 (↓) ■ F-Cost 10 (↓) ■ A-Cost 20 (↓) ■ P-Cost 동결
	3차년도 이후부터는 실패비용과 평가비용의 수준을 동일 레벨로 유도하여 전체 Q-Cost를 2%선으로 유지할 계획임.			

6) 도입 및 추진 경과

추진단계	내용
준비기(6개월)	■ Q-COST 관련 자료 조사 및 개념 이해 ■ 회사의 실정 파악 - 제품 생산 방식별3개 부서 현장 조사 - 시험 적용 모델 파악 (세라믹 콘덴서.DY.A-DECK) ■ 최고 경영자에게 Q-COST 필요성 어필 및 승인
도입기(12개월)	■ Q-COST 사고 방식 보급 - 간부 및 일반 사원에 대한 Q-COST 관련 교육 실시 - 설명회, 사보 등을 통한 Q-COST 관련 홍보 활동 전개 ■ Q-COST 시스템 마련 - Q-COST 산출 항목의 설정 및 정의 - Q-COST 계산식 수립 및 산출 COST TABLE 구성 ■ Q-COST 담당자 선정 운영

추진기(24개월)	■ Q-COST 관리 시스템의 체계 확립 - Q-COST 실무 지침서 작성 - Q-COST 관리 규정 제정 ■ Q-COST 교육과정 개설 ■ 월 단위 Q-COST 집계 분석 ■ Q-COST 관리 전산화 추진 ■ 각종 중역 회의에 Q-COST 실적 전달 ■ 사업부 기능에서의 Q-COST 관리 체제로 전환 ■ Q-COST가 업무에 적용되는 시기 ■ 실적 집계 위주에서 감소활동 위주로 전환
정착기(24개월)	■ Q-COST 관리 시스템으로 결실을 맺는 시기

7) 추진 조직

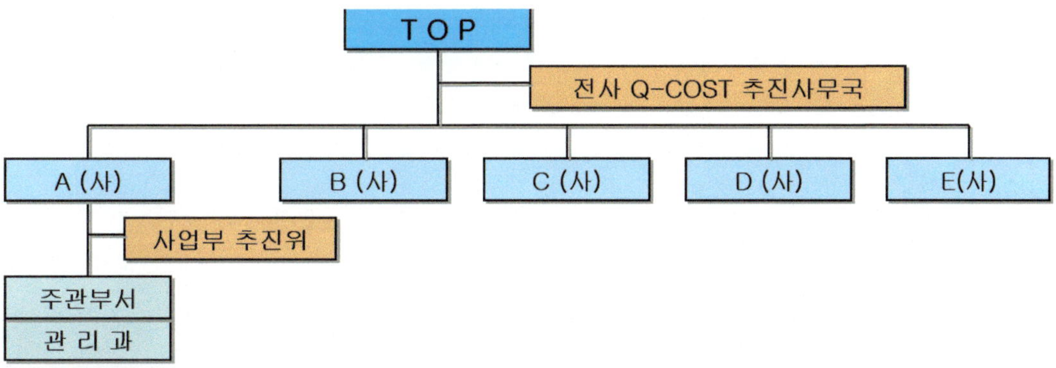

총괄부서	▪ Q-COST 전사 업무를 수행하는 부서로서 Q-COST와 관련된 제반 기준 및 운영 방향 설정의 업무 수행
주관부서	▪ 사업부 원가계산 및 Q-COST에 대한 제반 업무를 수행하는 부서로서 - Q-COST 계획의 수립 및 시행 - 분석의 관리 업무
지원부서	▪ 사업부 생산업무 및 생산 지원 업무를 수행하고 있는 부서로서 Q-COST 관리에 따른 제반 원가 자료를 제공하고 Q-COST 관리 업무 수행에 필요한 참고자료 제공

8) 회의체 운영

회의체	구성	기능
전사 Q-COST 관리위원회	• 위원장 • 부위원장 : 관리본부장 • 위원: 각 사업부장	• Q-COST 추진 방침 설정 및 시행 계획의 수립 • Q-COST 추진에 관한 각종 계획의 심의 조정 • Q-COST 추진 성과의 확인 및 지시
전사 Q-COST 관리사무국	• 사무국장: QM실장 • 간사: Q-COST 담당	• 전사 Q-COST 방향 설정 및 계획 수립 • 사업부 Q-COST 추진 활동의 지도 및 지원 • Q-COST 회의체 운영 • Q-COST 추진 활동 실적 평가 및 효과 파악
사업부 Q-COST 관리위원회	• 위원장: 사업부장 • 위원: 해당부장	• 사업부 Q-COST 추진 방침 설정 및 전개 • 과 Q-COST 집계 실적의 검토 확인 • 과 Q-COST 계획 및 개선 활동의 심의 조정
과 단위	• 총괄책임자 : 해당과장 • 실무책임자	• 과 Q-COST 추진 계획 수립 • 각 COST 항목별 Q-COST 실적 집계 분석 • 문제점의 개선 대책서 입안 및 활동의 전개

참고문헌

1. 단행본

(1) 황의철(1993): 품질경영(박영사)
(2) 이순룡(1998): 품질경영론(법문사)
(3) 박재홍(2003): 품질원가(한경사)
(4) 한국표준협회(1987): TQC 용어사전(한국표준협회)
(5) 한국표준협회(1990-2005): 품질경영[한국표준협회(미디어)]
(6) 한국표준협회(1990-2005): 품질 그리고 창의[한국표준협회(미디어)]
(7) 한국표준협회(2003): 품질코스트 분석과 활용[한국표준협회]
(8) 한국표준협회 컨설팅(2000): 품질코스트[한국표준협회(컨설팅)]
(9) 한국표준협회(2018): COPQ 추진 실무[한국표준협회]
(10) Campanella.J.(1999), 「PRINCIPLES of QUALITY COSTS, 3rd edition」, ASQ Quallty Press, Milwaukee.
(11) H.James Harrington(1987), POOR-QUALITY COST, ASQ Quality Press, Milwaukee.
(12) Josep M. Juran, 김종철역(1994), 「전략적 품질경영」, 서울: 21세기북스사.
(13) Philip B. Crosby, 이제민역(1994), 「품질혁명」, 서울: 21세기북스사.
(14) Rafael Aguayo, 백종현·서창적역(1994), 「데밍의 질경영이야기」, 서울: 매일경제신문사
(15) Roland T.Rust, 조은정·정은주·권미화역(1995), 「CS와 품질향상의 손익계산(Return on Quality)」, 서울: 21세기북스사.
(16) 日本科技連問題解決硏究會, 한국표준협회역(1988), 「TQC에서의 문제해결법」, 서울: 한국표준협회
(17) 日本科技連 QC手法開發部會, 한국표준협회역(1982), 「신QC7가지도구」, 서울: 한국표준협회
(18) 片山善三郞외, 한국표준협회역(1995), 「바로 쓸 수 있는 QC기법」, 서울: 한국표준협회
(19) ISO(2004), Quality management system-Fundamentals and vocabulary, International Organization for Standardization.

2. 논문 및 학술지

(1) 이순룡(1981): 품질개선 활동의 경제성 평가에 관한 연구

(2) 이순룡(1984): 제품 품질코스트의 행태분석

(3) 산업자원부(2001) 경영품질 혁신을 위한 기반구축사업을 위한 조사보고서

(4) 이순룡(1985), 「품질원가 형태의 분석」, 경영학연구, 15권 1호.

(5) Crosby, P.B(1983), 「Don't be Defensive About the Cost of Quality」, Quality Progress, vol. 16, No.4, p38~39.

(6) Harrington, H. J(1981), 「Painting a Total Quality Cost Picture」, Proceedings of 25th EOQC Conference, Vol.2, p.266.

(7) Harrington, H. J(1986), 「Planning the Future」, Quality Progress, Feb. p53.

(8) Groocock, J. M(1981), 「Quality Cost Control in ITT Europe」, Proceeding of 25th EOQC Conference, Vol. 2, p.250.

(9) Lesser, W. H(1954), 「Cost of Quality」, Industrial Quality Control, Nov. p.11.

(10) Masser, W. J(1957), 「The Quality Manager and Quality Costs」, Industrial Quality Control, Oct. p.5.

(11) Schneiderman, A. M(1986), 「Optimum Quality Costs and Zero Defects: Are They Contradictory Concepts?」, Quality Progress, November 1986, p.28~31.

(12) 日本品質管理學會編纂委員會(1986), 「社會的品質」, 品質管理, p.80.

저자소개

서문수(徐文洙)

- 주식회사 두원 경영 (1994년~)
- KS 인증제품 개발, 생산 및 판매 [주택용분전반, (주택용, 산업용)누전/배선차단기, 서지보호기]
- 2015년 11월 국무총리표창(품질경영)
- 2019년 11월 대통령표창(품질경영)
- MBA(석사)
- Ph.D(박사)
- Eng.D(박사5)
- 대학경영학강의(겸임교수) [2002~2013]

정현석

현재 한국폴리텍대학 반도체융합캠퍼스 반도체품질측정과 교수이며 유한대학교, 한국기술교육대학교 및 공주대 테크노대학원, 삼성전자 무선사업부, 기아자동차 등에 외래교수로 강의를 진행했다. 또한 대우자동차기술연구소 시삭품질팀 연구원 및 한국엔겔기계(주) 품질경영팀 부장으로 근무하면서 사내 품질경영시스템 구축 및 운영, 품질혁신활동 팀장으로 근무했다. 2019년부터 한국금형공학회 품질분과 위원장으로 활동하며 국가품질경영대회 개인유공자 부문 산업통상자원부 장관상과 제44회 국가품질경영대회에서 대통령 표창을 수상했다.

논문 및 저서로는 국제 및 국내 학술대회 우수논문상 수상 등 품질관련 논문 50여 편, 통계적 품질관리, 품질경영실습, 정밀측정실습교재 등 해당 전문분야 교재 등이 다수가 있다.

김흥철

한국표준협회 수석 지도위원, 한국표준협회컨설팅 책임 지도위원, 품질경쟁력 우수기업 선정 심사위원, 전국품질경영대회 심사위원(분임조 분야), 한국품질경영상 심사위원(한국품질경영상 부문), KS인증 심사원, 충주대학교 산업공학과 강사 및 겸임교수, 삼성전자 무선사업부, 삼성테스코, LG전선, LG전자, 현대건설, 현대백화점, 한영전자 등 250여업체 컨설팅 및 교육을 진행했다. 또한 각 기업의 부과장, KS 인증 심사원, 품질관리 담당자 위탁교육, Q-COST 과정 등 공개강좌 및 삼성 중공업, 삼성코닝정밀유리, 삼성테스코, LG전자, LG전선, 현대건설, 현대백화점, 한국중공업, 포스코의 관리자 현장인 대상 직무교육을 진행하였다, 2018년에는 한국품질경영학회로부터 EQC(Excellent Quality Consultant)상을 받았다. 논문 및 저서로는 품질보증을 위한 검사의 경제성에 관한 연구, Q-COST운영시스템, 전국품질분임조 경진대회 수상 분임조 따라잡기, KS 인증 실무 등이 있으며 교재 편집위원으로 참여한 교재로는 한국표준협회 진단, 지도매뉴얼, Q-COST 추진실무 및 추진매뉴얼, 전문분야 교재 등 다수가 있다.

Q-COST & COPQ

품질코스트와 품질손실비용

2024년 8월 12일 1판 1쇄 발행

저자 서문수, 정현석, 김홍철

발행인 송광헌
편집 한승희
표지 유민경

펴낸곳 복두출판사
출판등록 | 1993년 11월 22일 제10-902호
주소 | 서울 영등포구 경인로82길 3-4 807호
전화번호 | 02-2164-2580 팩스 | 02-2164-2584
이메일 | info@bogdoo.co.kr
홈페이지 | www.bogdoo.co.kr

ISBN 979-11-6675-531-6 93320
값 20,000원